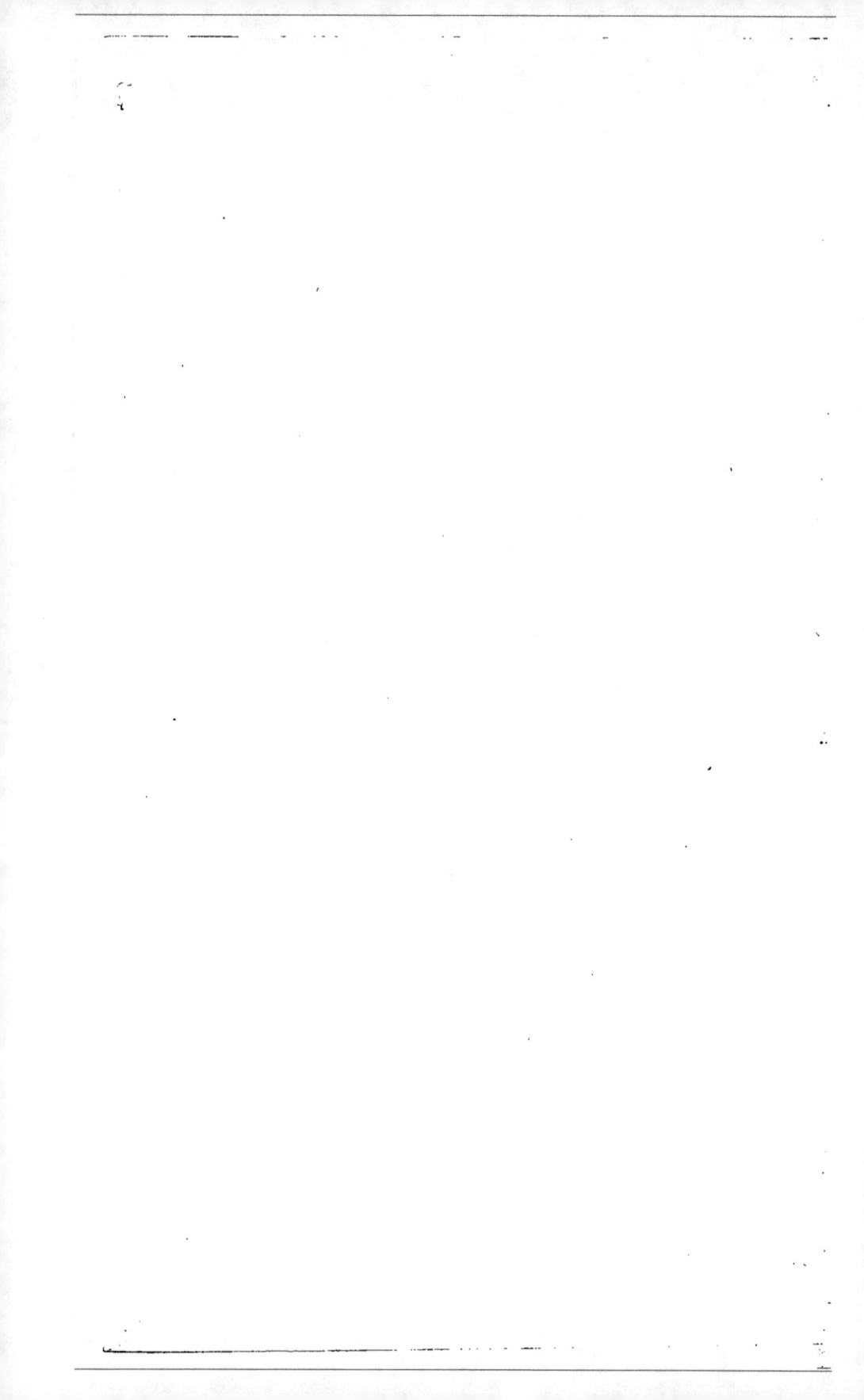

ÉTUDE

SUR

SAINT RUPH

D'ABORD MOINE

PRIEUR DE TALLOIRES, ENSUITE SOLITAIRE

PAR

LE CHANOINE V. BRASIER

EX-CURÉ DE TALLOIRES

ANNECY
ANCIENNE IMPRIMERIE BURDET,
J. NIÉRAT & Cⁱᵉ, SUCCESSEURS
IMPRIMEURS DE L'ÉVÊCHÉ

—

1880

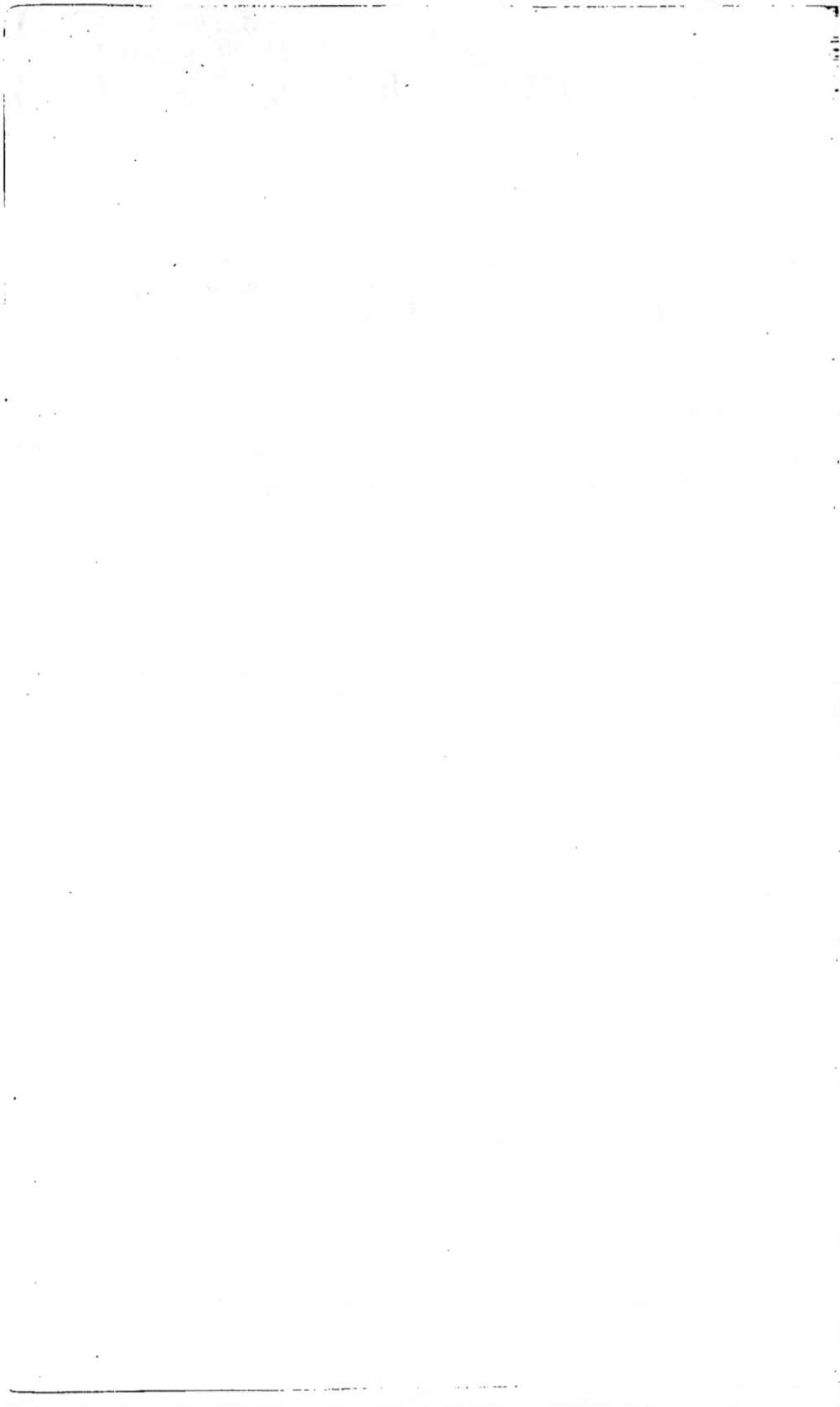

ÉTUDE

SUR

SAINT RUPH

D'ABORD MOINE, PRIEUR DE TALLOIRES ENSUITE SOLITAIRE

PAR LE CHANOINE V. BRASIER

EX-CURÉ DE TALLOIRES

AVANT-PROPOS

Saint Ruph ou Saint Rodolphe fut aussi moine, Prieur de Talloires, et ensuite solitaire, comme Saint Germain, son frère ; mais il n'a pas gardé parmi nous la même célébrité. Bien connu et vénéré autrefois, du moins dans les vallées voisines de son ermitage, saint Ruph l'est fort peu de nos jours. Son nom se sait, se répète encore, mais sa figure de Saint peu à peu s'en va s'obscurcissant et descendant dans l'ombre. Encore un demi-siècle de silence sur la tombe et la mémoire de ce Saint, et il ne resterait de lui qu'un bien vague souvenir qui finirait par s'éteindre. C'est pour conjurer ce danger que nous avons recueilli et rédigé ces notes, qu'appelait du reste notre précédente *Etude sur Saint Germain*. Ce second travail ne nous a pas été moins difficile et moins ingrat ; car ce que les siècles nous ont transmis sur saint Ruph est vraiment peu. Sous le toit paternel comme au monastère, son nom paraît tout au plus trois ou quatre fois et encore il ne s'y présente qu'accidentellement et à la suite de celui de Germain. Suit sa vie solitaire, dont aucun détail n'a survécu. Il est vrai que les pratiques de son ancien culte sont bien constatées. Hélas ! de cet ancien culte rien ne subsiste plus. En recueillant les quelques souvenirs qui nous restent de Saint Ruph, quel est donc notre but ? S'il est vraiment trop tard pour obtenir davantage, nous voudrions du moins sauver sa mémoire et la défendre contre l'oubli. Il nous semble que nous pouvons encore l'espérer.

CHAPITRE PREMIER

RUPH MOINE, PRIEUR ET SOLITAIRE

§ 1er.

Ruph frère de Saint Germain — comme lui, moine de Savigny ensuite de Talloires — Prieur de ce dernier monastère immédiatement après son saint frère.

On ne peut douter que Saint Ruph ou Saint Rodolphe n'ait été le frère de Saint Germain. Outre les nombreux témoignages qui nous l'ont affirmé (1), la tradition contemporaine le répète toujours, avec la même assurance, dans la vallée dite : de Saint-Ruph, c'est-à-dire là où le Saint a passé ses derniers jours ; et ce nom de *frère* de Saint Germain qu'il a toujours porté, n'a pas peu contribué, croyons-nous, à y graver sa mémoire.

La Belgique (2), avons-nous vu, fut la patrie de ces deux frères et

---

(1) *Étude sur Saint Germain*, pages 40, 47, 51, 63.

(2) Dans notre *Étude sur Saint Germain*, page 65, nous avons exposé les variantes du nom de la localité qui aurait vu naître les deux frères Germain et Ruph. Nous laissions aux auteurs belges le soin d'élucider sur place cette difficulté : elle vient de l'être, dans toute la mesure du possible, par les savants continuateurs de Bollandus. Leur huitième et dernier volume d'octobre est maintenant sous presse. Au 29 de ce mois, il y est traité de nos Saints du Prieuré de Talloires. Le P. Remi de Buck, auteur de ce travail, nous a fait l'honneur et la politesse de nous le communiquer. On y voit qu'une erreur de copiste est probablement la seule cause et toute l'explication du désaccord qui semble exister entre les documents au sujet de la ville belge qui fut la patrie de Saint Germain. Les *Mémoires* du P. Clette, écrits en français nomment cette ville : Tiermont (*Étude sur Saint Germain*, pag. 255). La légende du Saint écrite en latin la nomme : Monstatius (*Étude sur Saint Germain*, p. 65). Or an-

leur âge devait se rapprocher beaucoup, puisque, Germain étant envoyé aux écoles de Paris, Rodolphe, son *puisné* (1) fut chargé par leur mère de l'y accompagner. Après quelques jours passés dans cette capitale, Ruph devait rentrer au logis. Mais chemin faisant, ayant été touché des entretiens sérieux de son frère, et retenu d'ailleurs auprès de lui par une affection profonde, Ruph ne songea plus à quitter Germain ; à son exemple, il se consacra à l'étude.

Un frère qui s'appuie sur un frère est comme une ville imprenable (2). Ruph trouva ce bonheur auprès de Germain. En sa compagnie, il traversa sain et sauf cette vie des écoles, cet âge et cette société si féconds en naufrages.

Leurs études finies, l'union de ces deux frères devait se resserrer encore. Nous avons dit comment Germain, se décidant pour le cloître, en fit part à son frère. Rodolphe recevant les confidences de Germain et apprenant ses projets, protesta qu'il ne voulait pas se séparer de lui et qu'il le suivrait jusqu'au bout. Il le suivit en effet au monastère de Savigny, après avoir, comme lui, distribué tous ses biens aux pauvres.

Si Ruph, dans le monde, avait déjà pris Germain pour son modèle, une fois dans le cloître, vêtu de la même bure, vivant sous la même règle, il voulut plus encore devenir son véritable frère. Noble émulation qui préparait à l'Ordre de Saint-Benoît un nouveau Saint !

Tout porte à croire que Ruph, entré en religion le même jour que Germain, fit aussi, le même jour que lui, sa promesse de stabilité entre les mains de l'abbé Ithérius. Nous ignorons combien de temps ces deux frères goûtèrent ensemble, à Savigny, la joie douce et intime qui suit la profession. Mais pour Rodolphe comme pour Germain, ce monastère n'était qu'une école et une première station. En effet, bientôt après, Germain fut choisi par Ithérius pour aller, au nom de Savigny, prendre possession de la vieille Celle de Talloires et y rebâtir église et monastère. Ruph fut le seul religieux prêtre qu'Ithérius adjoignit à Germain pour l'aider dans cette nouvelle œuvre. Les deux autres compagnons qu'il lui donna n'étaient que diacres. Ce choix de

---

ciennement, dit le P. de Buck, le nom latin de Tiermont ou Tirlemont était souvent Monstienes. Il n'y a pas loin de ce nom : Monstienes à cet autre Monstatius, et assurément après deux ou trois copies on a pu facilement arriver du premier au second. On peut donc dès ce moment regarder la ville de Tirlemont, patrie du célèbre Bollandus, comme étant celle que la tradition et les documents assignent aussi à nos deux saints frères : Germain et Ruph.

(1) Ibid., p. 74.

(2) Frater qui adjuvatur à fratre quasi civitas firma. (Prov. 18, 19.)

Ruph prouve que ses supérieurs le tenaient en haute estime ; car la coahabitation de deux frères dans le même monastère n'était pas généralement admise chez les Bénédictins (1). Ruph suivit donc à Talloires le supérieur de la nouvelle colonie, Germain. D'après nos conjectures, c'était autour de l'an 1020. Le nouveau Prieur eut nécessairement le souci des travaux qui suivirent, mais seul il ne pouvait suffire à la restauration d'un monastère. Ruph fut certainement, pour Germain, l'auxiliaire dévoué, presque indispensable que réclame une pareille œuvre. Enfin tout étant achevé, la nouvelle église de Talloires fut consacrée en 1030 ou 1031, et, comme la mission de Germain semblait remplie, il rentra bientôt à Savigny, d'où il partit ensuite pour son pèlerinage aux Saints-Lieux.

Le catalogue des Prieurs de Talloires (2) fait succéder, dans cette charge, Ruph à Germain dès l'année 1018. Il nous est impossible d'admettre cette date, parce qu'elle convient tout au plus à l'année même de la donation de Talloires à Savigny par le roi Rodolphe III. Il fallut à Germain, envoyé comme Prieur, rebâtir le monastère et l'église, laquelle ne fut consacrée, avons-nous dit, qu'en 1030 ou 1031. Ruph partant ne succéda à son frère qu'à l'une ou à l'autre de ces deux dates. Ces deux saints frères ne s'étaient jamais quittés ; la séparation dut être pénible ; mais du moins le nouveau Prieuré, leur œuvre commune, où ils venaient de mettre leurs veilles, leurs peines et les plus belles années de leur vie, demeurait à la garde de Ruph. Germain partit sans crainte sinon sans peine.

Le même Catalogue maintient Ruph en la charge de Prieur jusqu'en 1041. Aussitôt après son élection et en l'absence de Germain, il eut donc à subir l'épreuve de cette famine extrême qui désola notre pays de 1030 à 1033. Mais à un autre point de vue, les dix ans de son gouvernement furent assurément l'âge d'or du nouveau monastère. Les faveurs royales dont il venait d'être comblé, l'éclat exceptionnel qu'avait reçu la consécration de son église, la ferveur des premiers religieux, les vertus de Germain continuées en la personne de Ruph, son propre frère, tout appelait l'attention sur ce Prieuré. Malheureusement il ne nous reste rien de ces beaux commencements et du règne de Ruph, second Prieur.

---

(1) De antiq. Monachorum Bifibus, tom. 1, p. 682. Lugd. 1690.
(2) *Chronicon Tallueriense*, p. 583.

§ II.

Ruph se retire en solitude. — Le désert qu'il choisit.

Le nom de son successeur étant inscrit en 1041 dans le catalogue des Prieurs, nous devons croire que Ruph se démit de sa charge, cette année-là, pour prendre le chemin du désert. Déjà (1) nous avons émis la pensée que très-probablement les deux frères se décidèrent encore ensemble pour ce nouveau et dernier genre de vie. En effet, Germain ayant regagné Savigny après 1030, avait eu le temps d'accomplir son grand pèlerinage aux Lieux-Saints et de rentrer à Talloires. La légende nous a dit qu'il obtint alors la permission de finir ses jours en solitude. Comme Ruph et Germain, dans les grandes décisions, ne s'étaient jamais séparés, n'est-il pas naturel de croire qu'ils prirent encore de concert ce dernier parti, demandant simultanément la même permission? Du reste, ce détail importe peu. Si avant 1041, Germain devançant Ruph dans la vie solitaire, habitait déjà sa grotte de la montagne, il faudra dire que Ruph ne résista pas longtemps à son exemple et que bientôt, réalisant son ancienne promesse, il voulut le suivre et l'imiter jusqu'au bout. Toutefois la vie qu'ils embrassèrent ne fut pas absolument semblable. A vrai dire, nous avons vu que celle de Germain n'était qu'à moitié solitaire, puisque chaque matin, il redescendait au monastère. Pour se faire son imitateur, Ruph aurait pu trouver, près de la grotte de son frère, quelque cavité pour y passer ses nuits; mais il était destiné, lui, à une solitude plus complète; c'est pourquoi le lieu de sa retraite fut beaucoup plus éloigné.

Le village de Verthier, dépendant de Doussard, possède une chapelle qui remonte aux temps les plus reculés. Une tradition consignée dans les archives de la paroisse atteste que cette chapelle fut visitée par saint Ruph. Sans doute, elle a pu l'être bien des fois pendant que Ruph était religieux de Talloires; c'est une raison de plus pour admettre qu'il n'oublia pas d'y entrer lorsqu'il était en chemin pour sa thébaïde, car cette chapelle était sur sa route. Où se dirigeait-il donc? Au sortir de Faverges, commence la rampe du col de Tamié. C'était alors, pour une partie de la Savoie, la route d'Italie la plus directe. De ce point, la vallée de Tamié se dessine assez ouverte, plutôt gracieuse et bien orientée. Un peu plus tard, un autre moine, enfant de Saint Bernard, Saint Pierre II de Tarentaise, y viendra fonder cette

(1) *Étude sur Saint Germain*, p. 107.

abbaye hospitalière qui sera longtemps la providence et l'abri du voyageur. Ruph n'était pas né pour tant de gloire. Du reste, il recherchait un site absolument désert. C'est pourquoi, après quelques pas sur la route de Tamié, il s'en détourna et se dirigea à droite, vers cette gorge étroite et profonde qui a pris et gardé son nom : en effet, on l'appelle encore le val de Saint-Ruph. Cette retraite lui était-elle assignée par l'obéissance ou était-elle de son choix ? On ne saurait le dire. Jamais solitude ne fut mieux choisie. Pour y arriver, il faut gravir une côte longue et rapide dominée par les roches nues de la montagne du *Charbon*. Cette côte regardant le midi est bien cultivée et deux villages, nommés *Villaret* et *Glaise*, s'y sont installés, en plein soleil, à inégale hauteur. C'est un peu au-delà du dernier de ces villages que commence à s'ouvrir, entre deux montagnes (la Sambuy et le Charbon), notre gorge étroite. Pour y entrer, le chemin fléchit et s'y engage, côtoyant d'abord de très-haut le torrent qui descend du haut du vallon. On ne va pas loin sur cette route austère avant qu'elle ne décrive une nouvelle courbe. Dès ce point, la gorge déjà si étroite se rétrécit, s'assombrit encore, et les montagnes comme le torrent se rapprochent. Bientôt voici quelques toits de chaume parsemés çà et là et péniblement assis sur cette côte rapide ; car, pour ne pas glisser le long du ravin, chacun d'eux a dû bien soigneusement choisir et consolider sa place. C'est le hameau de Saint-Ruph. Au sortir du hameau, la pente s'accentue davantage jusqu'à ce qu'enfin, après un millier de pas environ, tout à coup, route et torrent se rencontrent : on se trouve au bord même du torrent. Nous n'avons pas oublié la surprise que nous éprouvâmes en cet endroit, lors de notre première visite dans le vallon. Arrivé là avec un ami, nous ne nous attendions à rien, lorsque tout à coup le villageois qui nous conduisait, s'arrêta et nous dit : « C'est là... ces quatre murs en ruines étaient la chapelle du Saint... ces autres masures occupent la place de sa demeure... Venez voir par ici sa petite fontaine... » Notre premier mouvement fut de saluer à genoux cette terre sacrée et de vénérer le saint ermite en implorant sa protection. Nous étant relevés, après un rapide regard jeté tout autour de nous, nous comprîmes aussitôt pourquoi Ruph, parvenu sur cette parcelle de terre, s'y arrêta en disant : « *Hic requies mea :* c'est ici mon repos. » Ruph soupirait après une paisible solitude : nul endroit plus propice que ce bord du torrent. C'est en effet une vraie cellule faite de feuillage et de rochers que ce petit lieu, cellule ouverte seulement du côté du ciel et fermée presque entièrement entre les hautes collines et la montagne. Assurément Ruph ne pouvait trouver un sîte plus recueilli, plus isolé, mieux fait pour la prière. On se demande ici : Ruph ne fut-il point attiré et retenu sur cette langue de terre parce que, outre le recueillement et la paix, il y trouvait une petite chapelle pour oratoire et de vieux murs pour demeure? La question n'est point un pur jeu d'imagination.

Il est certain qu'un siècle plus tard, en 1145, la chapelle dans laquelle, en ce même lieu, saint Ruph était enseveli, portait le nom de : Eglise de Faucemagne. L'étymologie de ce nom nous paraît évidente : il vient de *fauces* ou *falces* (1) gorge, détroit ; et de *manus*, d'où *manerium* manoir. Les titres anciens écrivent en effet : *Faucismaniæ ecclesia*. Du reste, l'existence d'une maison avec tour en cet endroit est tout-à-fait constatée dans les siècles suivants (2). D'où venait ce manoir? N'était-il point antérieur à saint Ruph et ne pourrait-on pas le soupçonner, par exemple, d'avoir été élevé dans le cours du Xe siècle, lorsque les Sarrasins parcouraient nos vallées? On sait que ces pillards s'étaient retranchés dans les Bauges : le val de Saint Ruph est précisément un passage qui y conduit. Le manoir fortifié de Faucemagne ne pourrait-il donc pas avoir été bâti là contre eux ou peut-être par eux? Il est vrai que ce manoir, dans une position aussi dominée, n'était pas de force à résister à des machines de guerre et de siège, mais il suffisait à arrêter des escouades, des bandes isolées qui, seules du reste, pouvaient se risquer le long de cette gorge. Un petit manoir existant dans le vallon avant saint Ruph, d'où lui serait venu son nom de Faucemagne, n'est donc point un fait tant improbable, et il deviendrait prouvé, si ce nom de Faucemagne se découvrait dans quelque titre du Xe ou du IXe siècle. Or, si tel était ce lieu lorsque Ruph y arriva auprès du manoir, il devait se trouver, selon l'usage, une petite chapelle. Naturellement dans ce manoir Ruph trouvait un abri, et la chapelle devint son oratoire. L'histoire signale en effet bon nombre d'ermites se fixant ainsi près d'une chapelle rurale isolée (3).

Mais quoi qu'il en soit de la précédente conjecture, qui peut être tout-à-fait vaine, l'établissement de Ruph, dans ce petit vallon, n'of-

---

(1) Voyez du Cange, verb. Fauces et Falces.

(2) « Dominus Prior ad causam dictæ ecclesiæ de Faucimania habet domum *altam* « *cum turri rotunda* ejusdem simul contiguas existentes et Sitas ante dictam eccle- « siam Dominæ nostræ de Faucimania...... » Extrait d'un livre terrier dressé en 1487 et cité dans les déclarations de la délégation générale de Savoie sur les biens de l'ancien Patrimoine de l'Eglise, t. II. n. 43. art. Settenex...... Archives départementales.

(3) Nommons les suivants : Saint Félan, 16 janv. Saint Longis, 13 janv. Saint Henri, 16 janv. Saint Déicole, 18 janv. Saint Corbinien, 8 sept., etc. dans les Bollandistes.

frait pas de difficultés. Un autel pour son Dieu et un abri pour lui-même, c'est-à-dire un oratoire et une cellule, c'était tout le nécessaire pour un ermite. Faute de mieux, ces deux abris étaient faits de chaume, de branches d'arbres entrelacées. Mais, dans le cas présent, le monastère de Talloires ne pouvait pas délaisser son second Prieur ; indubitablement, il lui fit préparer dans sa solitude oratoire et cellule, si tout y manquait.

On se demande encore : A l'arrivée de Ruph, le village appelé plus tard de son nom et que nous avons dit situé un peu plus haut sur la colline, existait-il déjà ? Etant admise la préexistence du manoir de Faucemagne, quelques demeures de colons devaient se trouver aux environs. Si le manoir et sa tour ne s'y sont dressés que plus tard, il se pouvait rencontrer là tout au plus quelques cabanes à l'usage des pasteurs pendant l'été. Dans l'un et l'autre cas, Ruph ne vit point avec déplaisir ces gens simples vivant isolés dans cette solitude. On cite plusieurs solitaires dont l'oratoire égaré dans les forêts était une providence pour les rares habitants des alentours (1). Le solitaire, généralement, ne prêchait pas ; mais il ne refusait pas les pieux entretiens, les bons avis, et, le dimanche, les bergers voisins, se groupant à la porte de son oratoire, priaient avec lui et entendaient la sainte messe. Ruph, en s'établissant dans son vallon, put donc se promettre ce genre de ministère.

On se demande enfin : Pourquoi Ruph se retira-t-il à une si grande distance de Talloires ?

Cette distance n'était pas excessive, elle n'était que convenable. Assez loin de son monastère pour vivre en pleine solitude, Ruph, fixé à Faucemagne, en restait encore assez proche pour en recevoir toujours des ordres, des conseils, des secours, et pour y rentrer facilement dès que la règle, ses supérieurs, ou quelque grave raison lui en feraient un devoir : cinq ou six heures de marche environ lui suffisaient pour s'y rendre.

§ III.

Vie et mort de Ruph dans sa solitude.

Il ne nous reste absolument aucun souvenir écrit du genre de vie pratiqué par le nouveau solitaire dans cette gorge sauvage, nous n'en

(1) Saint Monon, 18 oct. Saint Philippe, 3 mai, dans les Bolland. Saint Clair, 4 nov. Diction. Hagiographiq. publié par Migne.

pouvons donc rien dire. Toutefois nous comprenons que son existence y devint nécessairement bien différente de celle que menait son frère Germain dans sa grotte au-dessus de Talloires. Celui-ci, retiré à proximité de son monastère, y redescendait chaque jour. Ruph, vu son éloignement, ne pouvait y reparaître qu'à de rares intervalles. Pour la même raison, Germain sans inconvénient était seul dans sa grotte, bien que habituellement un compagnon de solitude fût adjoint au Solitaire bénédictin. Aussi il faut bien croire que Ruph ne fut jamais laissé seul dans son désert. Le monastère s'en étant chargé, Germain n'avait aucun souci de sa nourriture. Il n'en pouvait être de même de Ruph à Faucemagne. Il est bien probable qu'il devait pourvoir lui-même à sa subsistance. C'était la coutume et presque la règle : le solitaire vivait du travail de ses mains, du fruit de ses arbres, du produit d'un petit jardin et de quelques parcelles de terre qu'il cultivait autour de sa cabane. Quand on visite l'Ermitage de Saint-Ruph, on devine du premier regard où devait croître sa moisson, et ce n'est pas sans une certaine émotion qu'on contemple ce champ attenant à sa chapelle et qu'il a peut-être défriché lui-même. Ce champ remonte la colline ; on aimerait à savoir jusqu'à quelle hauteur ce saint homme a promené sa bêche et arrosé cette terre de ses sueurs.

Ainsi que les pasteurs, les solitaires se plaisent aux bords des fontaines et le long des cours d'eau. Nous avons dit que Ruph possédait fontaine et torrent à quelques pas de sa demeure, et nous verrons plus tard les pèlerins recourir, comme toujours, à l'eau de cette fontaine.

Enfin nous avons comparé la grotte de saint Germain à un nid d'aigle suspendu sur l'abîme ; elle domine en effet toute la vallée, étant elle-même en grande évidence. C'est pourquoi, quand il voulait un instant reposer, récréer son esprit, Germain n'avait qu'à sortir de sa grotte : il trouvait devant lui le plus varié, le plus imposant paysage, et son monastère lui-même se trouvait sous ses yeux. Ruph, par contre, loin de tous les regards, habitait le plus bas-fond de sa vallée déserte, véritable cellule, avons-nous dit, où la vue se heurte aux pics élevés et aux sombres forêts. A une telle solitude, que de privations, que d'incommodités et de souffrances ne devaient pas ajouter la longueur et la rigueur des hivers ? En somme Ruph vécut donc en véritable ermite dans ce site austère.

Par voie de conséquence et de comparaison, nous venons de retrouver quelques traits de la vie de notre solitaire. Sa mort nous est complètement inconnue. Combien d'années passa-t-il dans son ermitage ? A quel âge, en quelle année mourut-il ? Précéda-t-il, suivit-il Germain dans la tombe ? Toute réponse est impossible ; et cette lacune est ici bien regrettable. Dans l'histoire de son pays, on aime à suivre jusqu'à la fin les hommes exceptionnels qu'on y rencontre, surtout les Saints, toujours particulièrement admirables quand ils arrivent au terme. Il faut croire que la mort de Ruph fut semblable à sa vie, vie si belle dans un si petit lieu. Peut-être cette douce lumière, après avoir brillé longtemps solitaire dans ce désert, s'éteignit-elle aussi sous les yeux de Dieu seul. Ce qui est certain, c'est que Ruph mourut dans son ermitage et qu'il y fut enseveli.

CHAPITRE DEUXIÈME

L'ERMITAGE DE RUPH APRÈS SA MORT

§ Ier.

L'Ermitage de Ruph devient le Prieuré de Faucemagne.

Après la mort de Ruph dans sa solitude, il eût été tout naturel que les moines de Talloires eussent emporté sa dépouille au monastère. Il fut fait pour lui comme pour Saint Germain. Son ermitage fut destiné à demeurer le lieu de son repos, et, à la manière des solitaires, il fut enseveli dans son oratoire (1). Nous n'avons pu dire si cet oratoire était une chapelle rurale déjà ancienne ou un modeste toit élevé pour son usage lors de son établissement dans ce désert. Quelle que fût sa provenance et son état primitif, cet oratoire subit bientôt une amélioration considérable ou une transformation complète ; car, dans le siècle suivant, en 1145, nous le trouvons mentionné, sous le nom d'église, dans le document suivant de l'inventaire de Talloires (2) : « Bulle d'Eugène, pape, qui, en 1145, prend sous sa « protection le monastère de Talloires, ordonnant qu'il soit maintenu « en possession des biens qui luy ont estés donez tant par Guido, « évesque de Genève qu'autres, sçavoir des églises de Thonnes, de « Francheville, de Serraval, de Merlens, de Faucemagne... avec toutes « leurs appartenances... »

Parmi ces églises appartenant à Talloires, il en est dont la donation remontait à la reine Ermengarde (1030 ou 1031), telles que celles de

(1) Les Bollandistes : passim.
(2) Invent., pag. 104, n° 4.

Doussard, de Marlens, de Bluffy. Par qui et quand Faucemagne, c'est-à-dire le lieu habité par Ruph, avait-il été donné à ce monastère? Nous l'ignorons; mais en 1145, Eugène III confirme Talloires dans la possession de l'église de ce lieu dite : église de Faucemagne.

Evidemment les moines de Talloires seuls, avaient pu bâtir ou restaurer cette église. Puisque leur second Prieur, solitaire dans cet endroit, y était mort en odeur de sainteté et qu'il y était enseveli, ils devaient à sa mémoire, ils se devaient à eux-mêmes de ne pas laisser son tombeau oublié dans cette solitude. Ils réparèrent donc ou bâtirent à neuf cette chapelle où était ce tombeau, et, selon la coutume de leur ordre, ils la dédièrent à la sainte Vierge; de là le nom de : *Notre-Dame de Faucemagne*, qu'elle porta dans la suite.

Dès 1145 jusqu'à la fin du siècle suivant, il ne nous reste aucune mention de cette église; mais en 1286 (1) paraît Amé, religieux de Talloires et appelé : *Prieur de Faucemagne*.. Dès ce moment, ce même titre de : *Prieur de Faucemagne* se retrouve souvent (2). Notre petite église était donc devenue *un Prieuré*, on ne sait à quelle époque; peut-être avait-elle reçu ce titre aussitôt après la mort même de Ruph. Ce qui est certain, c'est que de tous ses Prieurés ruraux, Talloires a toujours mis celui de Faucemagne au premier rang (3). Non pas que ce Prieuré fût le plus important, il en était plutôt le moindre par lui-même; il tenait donc ce rang d'honneur de son ancienneté, il était probablement le premier dans l'ordre de création.

§ II.

Le Prieuré de Faucemagne uni à la sacristie de Talloires.

En 1301 (4) on trouve le *Religieux sacristain* de Talloires en possession du *Prieuré de Faucemagne*. L'union de ces deux offices, accidentelle peut-être jusque-là, devient un fait établi et sanctionné en 1333. Sous la date du 26 décembre de cette année, l'Abbé de Savigny, du consentement du Prieur et des religieux de Talloires, prononce et ratifie pour l'avenir ladite union (5). Si cette mesure fut honorable pour le Prieuré de Faucemagne, qu'elle rattachait à l'un des premiers offices de Talloires; d'autre part elle amena quelque modification dans le

(1) Inv. de Talloires, pag. 113, n° 27.
(2) Inv. de Talloires : passim.
(3) *Chronicon Tallueriense*, pag. 402.
(4) Invent. de Talloires, pag. 119, n° 2.
(5) Invent., pag. 130, n° 56.

service de l'église de ce petit Prieuré. Le *sacristain* de Talloires devenu *Prieur de Faucemagne* ne pouvait pas résider dans ce dernier Prieuré, les devoirs de *sacristain* le retenaient au monastère. C'était là plus qu'un inconvénient. Aussi avant même l'acte d'union et dès 1301, Guillaume Montjai, *Sacristain et Prieur de Faucemagne*, avait déjà affecté certains revenus de ce Prieuré à l'entretien d'un « prêtre amovible » chargé d'en desservir l'église (1). Au moins ce nouveau desservant fit à Faucemagne une résidence habituelle. Il le devait, si l'on en juge par l'accord intervenu en 1298 (2) entre le Prieur, Thomas de Menthon et le curé de Seythenex. Au terme de cet accord, les habitants de Faucemagne n'étaient plus tenus de se rendre à l'église paroissiale qu'à certains jours désignés. Habituellement, ils avaient donc les Offices divins célébrés dans l'église de leur Prieuré, où, de plus, le curé de Seythenex devait se rendre pour les ensevelir (3).

L'union du Prieuré de Faucemagne à la *Sacristie* de Talloires a persisté jusqu'à la réforme du monastère au xviie siècle. Alors les revenus de ces deux offices, la Sacristie et le Prieuré de Faucemagne, firent retour à la mense commune et régulière. Toutefois le sacristain continua à porter ordinairement le titre de : *Prieur de Faucemagne*.

§ III.

Droits temporels du Prieuré de Faucemagne.

Au temporel, les droits et les privilèges de ce Prieuré n'étaient pas moins remarquables. Les Comtes de Savoie en avaient fait une seigneurie, un petit fief que limitaient « le Marquisat de Faverges, la Baronnie de Giez et les possessions de ceux des Bauges, » ce qui réduisait le territoire à peu près au petit vallon de Faucemagne : mais là, du moins, le Prieur avait droit de dîme (4), la mixte (5) et plus tard l'omnimode jurisdiction (6). Ces droits du Prieuré sont tout-

(1) Invent., pag. 119, n° 2.

(2) Invent., p. 117, n° 46.

(3) En 1874, les propriétaires de l'ancienne Chapelle ont retrouvé le cimetière. Voulant mettre en culture la parcelle de terre qui se trouve entre les ruines de la Chapelle et celles du Prieuré, ils ont, par curiosité, voulu fouiller le sol un peu bas. Seulement sur une surface de deux mètres, ils ont rencontré environ 15 ou 16 cadavres superposés, se touchant presque, couchés dans le même sens, la tête plus haute comme sur un plan incliné et regardant la Chapelle.

(4) Invent., p. 117, n° 46.

(5) Id., p. 120, n° 3.

(6) Id., p. 157., n° 74.

à-fait constatés dès 1289 (1), et les Comtes de Savoie les lui main-tinrent en maintes circonstances contre leurs propres châtelains qui les avaient enfreints. Ainsi fit Amé V en 1301, en 1308, en 1309 (2), et le Comte Edouard en donna jusqu'à six chartes de confirmation entre 1324 et 1336 (3). Le Prieur de Faucemagne nommait donc lui-même un juge qui, en son nom, rendait les sentences et « tenoit les assises audit lieu (4). »

Jusqu'en 1336, le Prieuré de Faucemagne était dans le mandement de Tournon, par conséquent dans les terres du Comte de Savoie. Dès lors, on ne sait à quelle occasion il fut compris dans le mandement de Faverges, domaine du Comte de Genevois. A leur tour , les châtelains de Faverges essayèrent plusieurs fois de faire brèche au droit jurisdictionnle du Prieuré ; ils emprisonnaient par exemple des hommes à lui appartenant (on trouve jusqu'à la fin du xv° siècle de ces actes d'empiètement sur la jurisdiction des Prieurs de Fauce-magne) ; mais toujours le *Juge de Savoye* intervenant, rétablissait le droit méconnu (5).

CHAPITRE TROISIÈME

CULTE RENDU A SAINT RUPH APRÈS SA MORT

Nous avons dit combien le site de Faucemagne est écarté, sombre et désert. Malgré les progrès de la culture, les cabanes éparses sur sa colline ne dépassent pas encore le nombre de quinze, et nulles rui-nes, aucun souvenir n'en accusent davantage dans le passé. Que Ruph ait choisi ce lieu pour y vivre solitaire et qu'y étant mort, il y ait été enseveli, rien de plus naturel pour un ermite. Mais que sur son tombeau perdu dans un tel lieu, le monastère de Talloires se soit fait un devoir d'entretenir une église à laquelle il a toujours donné le premier rang parmi ses Prieurés ; que, dès le xii° siècle, l'autorité ecclésiastique, et dès le xiii°, le Comte suzerain s'intéressant à ce Prieuré, l'aient doté de privilèges aussi distingués, tant au temporel

(1) *Chron. Tallueriense, cap. de jurisdictione.*
(2) Inv., p. 120, n° 3 : p. 121, n° 11 et 12.
(3) Id., p.
(4) Id., p. 131, n° 59.
(5) Id. passim.

qu'au spirituel, ce sont là des faits qui n'admettent qu'une seule explication. C'était la relique de saint Ruph qui donnait à cette petite église
une telle importance et qui lui avait valu cette distinction ; il fallait
que le tombeau du solitaire fût visité et vénéré , il fallait, en un mot,
que Ruph fût regardé et honoré comme Saint. En effet, voici des
documents qui le disent expressément ; à la vérité, ils sont du xve et
du xviie siècles, mais ils parlent clairement pour les siècles antérieurs.

Ouverture du tombeau de Saint Ruph en 1472.
Autre document de 1487.

Le 27 août 1472, Révérendissime Mamert Fichet, évêque d'Hébron,
suffragant de Jean-Louys de Savoye, évêque de Genève, monta à
Faucemagne et fit l'ouverture du tombeau de saint Ruph. Acte sur
parchemin en fut dressé ; en voici la teneur que nous empruntons au
Chronicon Tallueriense (1) :

« Anno Dnī millesimo quatercentesimo septuagesimo secundo die
« vigesima septima mensis Augusti Rmūs Dnūs Mamertus Epūs
« Ebrunensis Theolog. Sacræ Doctor, in præsentia venerabilis Fratris
« Johannis Tavelli Prioris Fauci maniæ et C. Francisci Alliodi Curati
« de Seytenai et Mamerti Vullioleti Burgensis Fabricarum et Fratis
« Michaëlis Curati Ordinis Fratr. Prædicarum visitavit, paucis aliis
« prœsentibus, Oratorium dicti loci Faucimaniæ et comperit inibi in
« quodam locello subterraneo a sinistro ingressu Capellæ, ab imo corpus
« quoddam integrum, carne tamen consumpta, absque etiam scriptura
« et breveto : quod quidem corpus vulgo fertur fore Beati seu Sancti
« asserti Rodulphi quondam primi fundatoris (2) illius loci ; quod tamen
« conservatum antea nemo ignoraret inibi tamen peregrinationes et
« miracula fieri Reliquit eodem loco recondendum et pie colendum
« absque alia solemnitate. Et dies quadraginta concessit omnibus pie
« illuc accidentibus et in Dei et Sanctorum Curiæ cœlestis honorem
« locum ipsum honorantibus. Et dispensat atque dispensavit de sim-
« plicibus Festis pro fabrica et manutentione dictæ Capellæ. Post
« divina possunt operari cum eadem indulgentia quadraginta dierum
« semper in posterum. Datum sub sigillo ejusd. Rdī Dnī Epī de cujus
« mandato signum suum apposui.   CAMBON. »

L'absence de tout écrit dans ce tombeau, *absque etiam scriptura et*

---

(1) C'est sur l'autographe lui-même dès lors perdu que l'auteur du *Chronicon* dit
avoir pris cette copie.

(2) Ce passage a été inexactement rendu par le rédacteur de l'*Inventaire de Talloires*.
Voyez pag. 163, n° 104. Visite, etc.

breveto, nous porte à croire que jamais encore il n'avait été ouvert dès la mort du Saint. Pourquoi le fut-il en cette circonstance ? L'acte qui précède n'en dit pas la raison ; on peut supposer que, vu la tradition constante qui l'affirmait, on voulut s'assurer si réellement le corps du saint solitaire reposait dans ce tombeau qui probablement était sans épitaphe. Dans ce cas, l'attente ne fut pas trompée et, grâce à cette visite, nous possédons les données suivantes :

Au xv⁰ siècle, Ruph était communément *vulgo* honoré du titre de Bienheureux ou de Saint. Des pèlerinages se faisaient à son tombeau, sans doute parce qu'on y recevait des grâces. Il est même dit que des miracles s'y opéraient. Il était donc dans sa chapelle l'objet d'un vrai culte. Aussi l'évêque d'Hébron, ayant remis la relique dans son même tombeau, non-seulement n'apporta aucune défense à la continuation du même culte, il accorda lui-même deux indulgences de quarante jours ; la première, à tous ceux qui visiteraient pieusement la Chapelle, la deuxième, à ceux qui, aux jours de fêtes simples, s'emploieraient, après les offices, aux travaux qu'elle réclamait. Le culte de Saint Ruph au xv⁰ siècle est donc constaté. De plus, on tenait alors ce culte pour ancien ; en effet, quinze ans après l'ouverture de son tombeau, il fut rédigé un livre *terrier* soit de *reconnaissance* concernant le prieuré de Faucemagne. Or voici les termes de l'inventaire de Talloires rendant compte de ce livre (1) : « Livre de reconnaissance « où sont insérés les privilèges accordés par les Souverains, Comtes et « Ducs de Savoye au prieuré de Faucemagne uni à l'office de Sacris- « tain de l'église du Prieuré de Talloires avec les confins de sa juris- « diction et territoire, et encore la teneur de la concession des « indulgences accordées à son église les seconds de Pâques et de la « Pentecoste et le jour de l'Assomption de Notre-Dame. Ledit livre « d'ailleurs commençant par l'indominieure dudit Prieuré, où il est « aussi fait mention de *l'ancienne vénération* de la relique du glorieux « saint Rouph, il est daté de l'année 1487. »

Ici, on le voit, non-seulement le qualificatif de *glorieux* est encore ajouté au nom de Saint Ruph, mais la vénération dont il est l'objet est positivement dite : *ancienne*, et de cette ancienneté, ce même livre nous fournit une autre preuve, en rappelant « la teneur de la concession des indulgences accordées à son église les seconds de Pâques et de la Pentecoste et le jour de l'Assomption de Notre-Dame. » Ces indulgences n'étaient pas celles accordées quinze ans auparavant (1472) par l'évêque d'Hébron, qui n'avait pas désigné ces jours-là. Ces indul-

(1) Invent., pag. 173, n° 152.

2

gences étaient donc plus anciennes ; ajoutons que, selon toutes les apparences, elles provenaient d'un Pape. En effet il entre tout-à-fait dans la pratique et la coutume de Rome d'accorder à la même église et dans la même année ces indulgences plusieurs fois répétées ; ce que d'ordinaire ne font pas les évêques. En outre, quand il s'agit d'indulgences épiscopales, comme elles sont nécessairement partielles et limitées, on a toujours soin d'indiquer le nombre de jours accordés ; tandis que, si elles sont papales, on se contente du mot : *indulgence* tout court, qui signifie alors : indulgence plénière. D'où nous concluons que ces très-anciennes indulgences, octroyées à la visite de l'église de Faucemagne aux trois fêtes indiquées, devaient être pontificales. Mais allons plus loin. Le nom du Pontife qui les aurait concédées n'est pas difficile à articuler. La chapelle au-dessus de Talloires où reposait Saint Germain jouissait aussi, aux mêmes lundis de Pâques et de Pentecôte, d'indulgences très-anciennes que nous avons cru pouvoir faire remonter à Eugène III ; or ce même Pontife, à la demande des moines de Talloires, s'était aussi occupé de l'église de Saint Ruph, dont il leur avait confirmé la possession en 1145 (1) ; ces anciennes indulgences que possédait cette église provenaient donc très-vraisemblablement aussi du même Pape.

CHAPITRE QUATRIÈME

CULTE DE SAINT RUPH AUX XVIIe ET XVIIIe SIÈCLE

§ Ier.

Élévation de Saint Ruph sur l'autel en 1645.

Nous connaissons les témoignages de vénération que Saint François de Sales, au cours de ses visites pastorales, a rendus à divers Saints de son diocèse, tels que Saint Guérin, le Bienheureux Ponce, le Bienheureux Lefèvre... Saint Ruph, à son tour, n'aura pas été oublié du saint Évêque, qui infailliblement a dû parler de lui, ne serait-ce qu'à propos de Saint Germain son frère. Nous n'avons pas eu la bonne fortune d'en retrouver la moindre trace, mais le fait que nous allons

(1) Invent., p. 104, n° 4.

rapporter témoigne assez clairement de l'action au moins indirecte de
Saint François sur le culte de Saint Ruph, puisque ce qu'il venait de
faire lui-même pour la gloire de Saint Germain, un de ses plus saints
amis le voulut faire pour celle du solitaire de Faucemagne. Dom
Benoît-Théophile de Chivron, une de nos belles figures d'évêque au
XVII⁰ siècle, avait été d'abord homme du monde, puis doyen de la
collégiale d'Annecy. S'étant fait moine de Talloires en 1620, il en
devenait Prieur en 1629. L'année suivante, il porta le dévouement
envers les pestiférés, jusqu'à les recueillir dans son monastère. Victor-
Amédée l'ayant nommé au siége de Tarentaise, il fut sacré en
janvier 1633...

« Le voilà donc nommé archevêque de Tarentaise, dit son bio-
« graphe (1), mais la difficulté étoit de le trouver pour lui en donner
« la nouvelle : car n'ayant plus rien à faire dans Talloires, parce
« qu'il n'y avait plus de misères à soulager et qu'il avait mis fin aux
« malheurs d'un chacun, il s'étoit retiré, à l'exemple des hommes
« illustres de l'ancienne Église, dans les déserts pour ne converser plus
« qu'avec Dieu, et la solitude qu'il avoit épousée étoit si cachée qu'à
« peine pût-on deviner l'endroit pour y arriver..... Ce désert est
« encore appelé aujourd'hui saint Rouph, situé près des hautes mon-
« tagnes de l'abaye de Tamié dans l'endroit du monde le plus sauvage,
« dont tout le contenu n'a qu'un petit vallon creux profond et étroit
« comme un puits, où à peine le soleil peut se montrer quelques
« moments de la journée moins pour y produire quelque chose de
« favorable que pour faire connaître que rien n'échappe à sa lumière.
« Un solitaire (2) qui l'a habité depuis en a fait une juste peinture
« en ces vers :

> Là le soleil à peine enfonce ses rayons
> Un rapide torrent y roule à gros bouillons
>   Tombant de ravine en ravine :
> Les nocturnes oiseaux s'y juchent sur des pins ;
> Et le chamois dispos dans un antre rumine
> L'herbe qu'il a brouté les soirs et les matins.

« C'est là où Dom Benoit Théophile de Chivron s'étoit retiré pour
« travailler à sa perfection et ce fut là où il apprit la nouvelle qu'on
« l'avoit destiné pour gouverner l'Église de Tarentaise : jamais nou-
« velle ne lui fut plus fâcheuse que celle-là, il crut qu'il s'étoit rendu

---

(1) *La Vie de Mgr de Chivron*, archevêque de Tarentaise, par le R. P. Bernard.
Chambéry 1687.
(2) Ce solitaire ne pouvait être qu'un moine de Talloires.

« indigne des faveurs du ciel, puisqu'il étoit obligé de retourner
« vivre avec les hommes......... »

Dans ce passage, il faut faire la part du panégyriste et celle de
l'historien. Sans conteste appartient au premier cette façon de repré-
senter le monastère de Talloires à la recherche de son Prieur qui
s'était enfui dans un désert, quand ce désert « si caché qu'à peine
« pût-on deviner l'endroit pour y arriver » n'était autre que le prieuré
de Faucemagne dépendant du monastère et avec lequel il était en
rapports nécessaires et constants. Nous n'hésitons pas à attribuer au
même personnage le parti que prend Dom Benoît-Théophile de
quitter son monastère de Talloires dès la cessation de la peste,
c'est-à-dire dès la fin de 1630, pour se retirer à Faucemagne, où il
se serait encore trouvé, lors de sa nomination à l'archevêché de
Tarentaise en 1632. Il est certain que cette année-là, dom Benoît-
Théophile renonça à sa charge de Prieur : on gardait son acte de
renonciation dans les archives de Talloires. Étant jusque-là Prieur
Claustral, il ne pouvait certainement pas délaisser son monastère
pour habiter une solitude aussi éloignée que l'était celle de Faucemagne.
Mais si, pendant la durée de sa charge, le Prieur de Talloires ne
pouvait pas s'établir absolument dans cette solitude, il pouvait du
moins s'y retirer momentanément, et c'est ainsi que Dom Benoît-Théophile s'y sera rencontré quand arriva au monastère la nouvelle de
sa nomination à l'archevêché de Tarentaise. Que si son historien a
tout à fait raison, en le faisant séjourner plus longtemps à Faucemagne, nous le voulons bien ; mais ce sera plutôt entre 1624 et 1629,
que Dom Benoît-Théophile aura réalisé ce projet. Comme il était
simple moine pendant ce laps de temps, il aura pu suivre plus facilement son attrait pour la solitude. Et qui sait s'il n'y fut pas surpris
par son élection de Prieur en 1629, plutôt que par sa promotion au
siége archiépiscopal en 1632? Quelle qu'ait été l'année de sa retraite
(ce qui importe peu) on pense bien que la mémoire et le tombeau de
Saint Ruph avaient attiré Dom Benoît-Théophile autant et plus que
l'ombre et le silence qui règnent à Faucemagne. Saint Ruph était
pour Talloires un ancêtre, un Saint de la famille, et la dévotion que lui
portait le monastère venait encore d'être singulièrement stimulée par
la nouvelle gloire décernée à son saint frère. Saint Germain, exalté
sur l'autel par Saint François de Sales en 1621, voyait dès lors son
honneur grandir et les pèlerins monter à sa chapelle plus nombreux
et plus confiants. Naturellement la pensée de procurer, s'il était possible,
la même gloire à Saint Ruph, vint aux moines de Talloires, et Dom
Benoît-Théophile n'était pas le moins ardent à la poursuivre.

Toutefois, plusieurs années se passèrent avant la réalisation de ce pieux projet, et Dom Benoît Théophile était devenu archevêque de Tarentaise ; mais ni le prélat ni les moines de Talloires n'oubliaient Saint Ruph. Nous en avons la preuve dans une bulle d'Innocent X, du 31 octobre 1644, accordant, à la prière de ces moines, une indulgence plénière à tous ceux qui dûment contrits, confessés et communiés, visiteraient l'église de Notre-Dame de Talloires, le jour de l'Assomption, en priant selon les intentions du Souverain Pontife. Les Religieux avaient simultanément demandé la même faveur pour la petite église de Saint-Ruph, également dédiée à la très-sainte Vierge et ils la reçurent par la même bulle (1). Nous avons vu que, de très-ancienne date, les pèlerins de la chapelle de Saint-Ruph y gagnaient déjà une indulgence le même jour (2). Enfin, en 1645, jugeant le moment favorable, d'accord avec l'archevêque de Tarentaise, les moines de Talloires adressèrent à Mgr Dom Juste Guérin évêque de Genève, la demande formelle de la translation des reliques de saint Ruph sur l'autel.

Le *Chronicon Talueriense* nous a heureusement conservé, non pas le texte, mais le sens de la supplique (3). Dom Romuald Pignier, Prieur Claustral et Dom Benoît Vallier, au nom du Chapitre du monastère, représentent que, de temps immémorial, Saint Ruph est honoré comme saint « *ab omni hominum memoria celebrari S. Rodulphi sanctitatem,* » qu'il guérit les malades et fait d'autres miracles, dont la plupart sont tombés dans l'oubli, parce qu'ils n'ont pas été consignés par écrit. On en connaît encore quelques-uns, disent-ils, les preuves en seront recueillies. C'est pourquoi les suppliants demandent que le corps du B. Rodulphe, qui repose à l'entrée de l'église, dans un tombeau trop peu décent « *minus decenter,* » soit tiré de là et replacé dans le grand autel d'une manière plus honorable « *honorificentius.* » Et, comme l'évêque de Genève était souffrant, et que son coadjuteur, l'évêque d'Hébron, était retenu par un voyage à Turin, et par des prédications à faire, à Grenoble, pendant l'Avent et le Carême suivants, les mêmes Religieux prient Monseigneur de vouloir bien confier le soin de cette affaire à l'Illustrissime Dom Benoît-Théophile de Chivron, archevêque et comte de Tarentaise, comme étant un prélat de leur Ordre.

L'évêque Dom Juste Guérin reçut cette prière à Rumilly, où il s'était retiré pour se préparer à la mort, et au verso même de la supplique,

(1) Us et pratiques de Talloires , pag. 39.
(2) Il en conste par l'*Invent. de Talloires*, pag. 173, n° 152.
(3) *Chronicon*, pag. 528.

il écrivit le décret de concession. C'était le 24 octobre 1645 ; cinq jours après, le 29 du même mois, se faisait dans l'église de Saint-Ruph, la translation demandée. C'est encore au *Chronicon Tallueriense* que nous empruntons le procès-verbal de cette cérémonie, acte malheureusement trop peu détaillé :

    « Anno salutis millesimo sexcent. quadrag. quinto die verô 29
« mensis octobris Illmūs et Revd Dnūs Benedictus Theophilus de
« Chivron hactenus monasterii Beat. Mariæ Talluerianum monachus et
« olim Prior Claustralis ejusdem monasterii, nunc autem Dei et aplæ
« sædis gratia archiepūs et comes Tarentasiensis sacrique imperii
« Princeps, sacrum B. Rodulphi corpus, quod longo tempore in se-
« pulcro minus decenter jacuerat, ad instantiam R. P. D. Romualdis
« Pignier præfati monasterii moderni prioris, cæterorumq. Venerab.
« Patrum et Religiosorum, numerosa comitante fidelium catervâ, ad
« præsens transtulit altare quibus 40 dies de verâ indulgentiâ in formâ
« Ecclesiæ consuetâ concessit et in Dominicâ infr. octavam Ascen-
« sionis Dnī quam anniversariæ solemnitati S. Rodulphi et ejus
« translationi dedicavit ; Adstantibus RR. DD. Antonio à Geneva Sta-
« medii Priore ; de Guidebois ejusdem monasterii monacho Ord. S.
« Bernardi ; Dnō Priore Conventus S. Dominici Civitatis Annecianæ
« et quam pluribus aliis tam ecclesiasticis quam laicis viris magna
« totius vicinitatis consolatione ; sub Pontificatu Innocentii Pam-
« philii Papæ X ; Imperante Ferdinando tertio Austriaco ; regnante
« Ludovico XIV apud Gallos ; Philippo autem IV Hispaniarum sceptra
« tenente ; Francisco Portugaliæ frena ducente, Carolo Emmanuele II
« Sabaudiæ Duce et Cypriorum Coronam administrante ; post lon-
« gam gratiarum et miraculorum præfati S. Rodulphi meritis obten-
« torum seriem et habitam relationem. In qrūm fidem præs. litteras
« testimoniales Illmī et Rmī D. Archepī subscriptas manu propriâ
« sigilloque firmatas, ego Procancellarius de mandato ejusd. Archepī
« scripsi et subscripsi die annoque qui suprà... »

    Manquent et le nom du Chancelier et celui de la localité où il a rédigé cet acte ; mais cette phrase « *ad præsens transtulit altare,* » donne suffisamment à entendre qu'il l'écrivit à Faucemagne même, après la cérémonie.

    Sans présenter ni l'éclat ni le retentissement de la translation des reliques de Saint Germain faite par Saint François de Sales, vingt-quatre ans auparavant (en 1621), on voit que celle de Saint Ruph eut aussi de l'écho dans le pays. Les monastères voisins y furent représentés. Le clergé et les fidèles y assistèrent en grand nombre et tout le voisinage en reçut une « *grande consolation.* » On y fit, est-il dit, un long rapport des grâces miraculeuses obtenues par les mérites de Saint Ruph. Malheureusement, pas le moindre débris de ce rapport n'a survécu.

Notons l'heureux à propos du jour de cette translation. Celle de Saint Germain par Saint François de Sales avait été faite le 28 octobre (1621), celle de Saint Ruph le fut le 29 du même mois (1645), comme pour témoigner que ce dernier méritait bien de suivre son saint frère dans la gloire, l'ayant suivi de si près dans la pénitence. Enfin, Saint Ruph, cédant toujours à Saint Germain, eut aussi l'honneur, au jour de son exaltation, d'être levé de son tombeau et de monter sur l'autel, porté sur les bras d'un saint évêque. On sait que Dom Benoît Théophile, disciple et ami de Saint François de Sales, mourut lui-même en odeur de sainteté. On put donc aussi dire en cette journée du 29 octobre (1645), comme on avait dit après celle du 28 (1621) : « Voilà comme un sainct a travaillé pour un sainct, comme un sainct a transporté les os d'un sainct en un lieu plus sainct (1)... »

Nous ne connaissons pas assez les circonstances qui ont précédé, accompagné et suivi la translation qui précède, pour l'apprécier au point de vue des décrets d'Urbain VIII. Incontestablement, le culte rendu jusque-là au saint solitaire n'était pas atteint par ces décrets, vu qu'il était évidemment de temps immémorial, et non-seulement toléré, mais approuvé par les évêques de Genève et probablement par le pape lui-même. Ce culte entrait donc dans un des cas formellement exceptés par Urbain VIII, et partant il pouvait continuer dans les mêmes limites. Mais on demande : L'élévation du Saint corps sur l'autel ne fut-elle pas suivie d'une extension de culte ? A la vérité, nous rencontrons dans le siècle qui vit cette translation, et dans le suivant, diverses pratiques religieuses usitées en l'honneur de saint Ruph ; mais n'en découvrant pas l'origine, nous ne pouvons dire si elles furent postérieures ou bien si elles étaient antérieures à sa translation de 1645. Nous ne les reproduisons donc ici que pour l'histoire.

§ II.

Fête annuelle de Saint Ruph et commémoraison de sa translation le dimanche dans l'Octave de l'Ascension.

Puisque Saint Ruph jouissait d'un culte immémorial dans sa chapelle, on peut présumer qu'il y possédait dans l'année son jour de

(1) *Étude sur Saint Germain,* pag. 168.

fête. Nous le trouvons, en effet, indiqué dans le procès-verbal de la précédente translation de 1645. Il y est dit de l'archevêque de Tarentaise, qu'après avoir accordé ses quarante jours ordinaires d'indulgence aux assistants, il les accorda de même dans l'avenir pour le dimanche dans l'octave de l'Ascension, dimanche qu'il dédia à la *solennité anniversaire de Saint Ruph* et à la translation, « *quam anniversariæ solemnitati S. Rodulphi et ejus translationis dedicavit.* » Le sens de ces expressions (nous n'en voyons pas d'autre) est bien que le dimanche dans l'Assomption fut consacré par l'archevêque Dom Benoit-Théophile à célébrer la solennité ou la fête annuelle de Saint Ruph ainsi que l'anniversaire de sa translation. Il est vrai que nous ne trouvons nulle part ailleurs la mention de cette solennité annuelle en l'honneur du Saint, mais comment la révoquer en doute quand elle se révèle dans un tel document ? Resterait à savoir si l'archevêque fut lui-même l'instituteur de cette fête, ou plutôt, si elle ne se célébrait pas déjà ce même dimanche ou un autre jour, auquel cas, pour ne pas multiplier les fêtes dans un site si retiré, l'archevêque n'aurait fait qu'adjoindre dorénavant à cette ancienne fête la commémoraison de la translation du Saint. Cette dernière conjecture est assez vraisemblable. C'est tout ce que nous pouvons dire sur cette fête de Saint Ruph.

§ III.

Anciennes prières adressées à Saint Ruph dans sa chapelle.

Nous avons reproduit dans notre *Étude sur Saint Germain* (1), outre deux messes propres de ce Saint, certaines bénédictions et prières spéciales qui étaient usitées dans sa chapelle, surtout en faveur des malades. Saint Ruph n'arriva jamais à recevoir dans la sienne les témoignages d'une dévotion si remarquable. Toutefois, les malades aussi recouraient à son crédit avec grande confiance. Le *Chronicon Tallueriense* (2) cite entre autres les fiévreux qui obtenaient leur guérison en buvant à la fontaine qui coulait près de son église. Récitait-on à cette intention des prières particulières ? Nous n'en savons rien. En voici du moins de très-anciennes qui lui étaient adressées dans sa chapelle, au dire de l'auteur du *Chronicon*. Cet auteur les a recueil-

---

(1) Pag. 264 et suiv.

(2) **Extat fons vivus** prope illius ecclesiam cujus aquæ potu febricitantes ex toto quiescunt, pag. 525.

lies pour les défendre contre l'oubli. Nous les reproduisons dans le même but. On verra que les vertus, les mérites, le pouvoir de Saint Ruph n'y reçoivent pas de médiocres louanges. C'est plus que Faucemagne et Talloires, c'est la terre de Savoie tout entière qui se proclame heureuse d'avoir produit un Religieux, un Solitaire, un thaumaturge si grand devant Dieu :

« Antiphona. — Rodulphe Christi Confessor fortissime, illustris « proles Flandriæ, lux et gloria Sabaudiæ, nobile decus Falcimaniæ, « gemma Anachoretarum, norma Religiosorum, summi patriarchæ « Benedicti Sectator præstantissime, agrotantium medice, miraculo-« rum patrator eximie, afflictorum gemitus solità suscipe clementià et « impetratam nobis cœlitùs tu defer indulgentiam.

« Responsorium. — Gaude felix terra Falcimaniæ quæ sacrum B. « Rodulphi possides thesaurum. O ter benedicta in æternum « terra quæ tam salutiferum nobis protulit fructum. »

« Versus. — « Quam Felix regale et inclytum Tallueriense cœno-« bium de cujus agro tam nobilis et pretiosus prodiit thesaurus! O « ter benedicta in æternum terra, etc...

« Gloria Patri et Filio, etc... ô ter benedicta in æternum, etc...

« Ora pro nobis, sancte Rodulphe.

« Ut digni efficiamur promissionibus Christi.

Oremus.

« Deus qui ecclesiam tuam Beati Rodulphi Confessoris tui virtutem « splendoribus illustras et miraculorum corruscatione, clarificas con-« cede propitius ut in cujus gloriamur triumphis protegamur exemplis. « Per Dnūm, etc. »

§ IV.

Office de Saint Ruph récité au monastère de Talloires.

Les moines de Talloires ne célébraient pas dans leur église la fête de Saint Ruph, mais sans solennité ils disaient son office avec rite double. Le 29 octobre eût été naturellement destiné à cet office ; comme ce jour était déjà pris pour l'office de Saint Germain, celui de Saint Ruph fut remis au 30. Les moines le maintinrent en ce jour du 30 jusqu'à ce que ce jour-là fut pris lui-même et consacré à la commémoraison des Saints de tout l'Ordre bénédictin. Alors l'office de Saint Ruph fut placé au 31, et c'est ce dernier jour d'octobre que les

moines le disaient dans le courant du dix-huitième siècle (1). Nous
ne pouvons rien ajouter à l'endroit de cet office, que nous n'avons pas
retrouvé. On peut croire que les leçons du second Nocturne étaient
propres et que l'oraison était celle qui termine les anciennes prières
que nous venons de reproduire

§ V.

Jours de pèlerinage au tombeau de Saint Ruph, Procession de Viuz-Faverges.

Précédemment (2), nous avons vu que les lundi de Pâques et de
Pentecôte, l'Assomption et le dimanche dans l'octave de l'Ascension
étaient des jours enrichis d'indulgences en faveur de ceux qui visitaient l'église de Saint-Ruph. C'étaient donc là les principaux jours
de concours et de pèlerinage à cette chapelle. Le *Chronicon* (3) dit en
effet que trois ou quatre fois l'an (*ter quaterve in anno*) les Prieurs de
saint Ruph montaient à leur église. « La veille de l'Assomption, di-
« sent les *Us et Pratiques de Talloires*, dans le cas que le religieux à
« qui notre Révérendissime Abbé donne le titre de Prieur de Saint-
« Rouph ne soit pas de résidence dans ce monastère, Dom Sacristain
« va à Saint-Rouph pour y célébrer la messe qui se chantait autre-
« fois (4). » Ce chant de la messe dans un lieu si désert prouve bien
l'importance du pèlerinage et du concours dans les temps anciens.

Au lundi de Pentecôte, comme jour de pèlerinage, avait été substi-
tué plus tard le mardi de la même fête. On peut le conclure du moins
de cet autre passage des *Us et Pratiques* qui, à raison de son intérêt
local, mérite d'être conservé (5) : « Révérend Dom Prieur de Saint-
« Rouph, s'il est de famille à Talloires, ou à son absence, Révérend
« Dom Sacristain se rend au Prieuré de Saint-Rouph le lundi de
« Pentecôte pour y recevoir le jour suivant la procession solennelle
« de Viuz-Faverges : c'est le prêtre qui conduit la procession qui dit
« la messe, après laquelle ledit religieux donne à baiser les reliques
« et reçoit les offrandes et honoraires des messes qu'on lui donne, ce
« qui dès quelques années se réduit à rien. Ensuite de quoi il est
« en coutume, sans cependant y être obligé, de donner à déjeûner au

(1) *Chronicon Tallueriense*, p. 156, Us et pratiques de Talloires, p. 52.
(2) Pages 17 et 21.
(3) P. 402 de *Prioratu Falcimaniæ*.
(4) Pag. 39.
(5) Pag. 101.

« Prieur de Viuz, ou au prêtre qui a conduit la procession, et aux « plus apparents de Faverges. »

Ces lignes, écrites en 1761, accusent dans le passé des jours beaucoup plus heureux et plus prospères pour la chapelle de Saint-Ruph ; nous allons en effet raconter sa décadence. Notons toutefois ces messes qu'on y offrait toujours en son honneur, ainsi que ces reliques présentées au baiser des fidèles et qui, selon toute probabilité, étaient les propres reliques du Saint gardées, à cette intention, lors de sa translation en 1645.

§ VI.

Le nom de Saint Ruph était associé à celui des premiers Saints de l'Ordre bénédictin.

Nous prions le lecteur de reprendre notre *Etude sur Saint Germain* (*Mémoires de l'Académie salésienne*, t. I, p. 198). Il y verra que dans un acte public, en 1670, le Prieur de Talloires rangeait sans crainte au nombre des premiers Saints de l'Ordre, et Saint Germain et Saint Ruph lui-même. Ces deux noms suivent ceux des Saints Placide, Fauste, Maure, etc. On ne pouvait mettre Saint Ruph en un plus haut rang.

CHAPITRE CINQUIÈME

DERNIERS JOURS DU PRIEURÉ DE SAINT RUPH

§ Ier.

Le Prieuré est peu à peu abandonné.

Le dix-septième siècle avait été le beau temps de la petite église de Saint-Ruph. Elle avait vu l'exaltation du Saint sur son autel, des concessions d'indulgences nouvelles, et partant un surcroît dans le nombre et la ferveur de ses pèlerins. De son côté, la maison du Prieuré était alors constamment habitée, et parfois elle servait de retraite à quelque moine d'élite, grand ami de la solitude, tels que Dom Benoît Théophile de Chivron et cet autre Religieux inconnu dont nous avons cité quelques vers. En 1696, sortant de charge pour la

seconde fois, Dom Nicolas de Rossillon de Gemilieu (d'Yenne), premier Abbé claustral de Talloires, avait (1) aussi demandé et obtenu la
permission de se retirer de temps en temps dans cet ermitage; il
l'avait d'ailleurs réparé lui-même pendant son gouvernement (2). Cet
Abbé était alors un grand vieillard ayant fait profession en 1643 (3).
Lui fut-il donné, encore pendant quelques années, d'y passer quelques mois de solitude? Nous l'ignorons. Après lui, croyons-nous,
aucun Religieux de marque n'habita plus cette retraite. Sa décadence
commençait. En 1732, il est vrai, un autre Abbé de Talloires, sortant
aussi de charge, Dom Pierre-Célestin Truffon (de Chambéry), de-
manda encore la permission d'y passer quelques-uns de ses derniers
jours (4. Déjà il avait préparé la maison du Prieuré et l'avait fournie
des meubles nécessaires, lorsque des voleurs, enhardis par l'isolement
du lieu, les enlevèrent en grande partie. L'Abbé Truffon découragé
renonça à son projet et mourut à Talloires peu d'années après (1736).
Cette triste aventure eut des suites très-fâcheuses si, comme il est
vraisemblable, elle ne fut pas étrangère à une regrettable détermina-
tion prise vers ce temps-là par le monastère. Une note écrite par un
curé de Seytenex en 1789, s'exprime ainsi : « Il y a dans cette paroisse
« un oratoire soit chapelle qu'on appellait anciennement Prieuré de
« Saint-Ruph, où habitoit jadis un moine de Talloires qu'on appelloit
« aussi Prieur et qui prétendoit avoir jurisdiction temporelle et spi-
« rituelle sur les habitants de ce lieu-là... Depuis plus de cinquante
« ans, le moine s'est retiré dans son monastère à Talloires ; le spiri-
« tuel de ce lieu-là appartient donc aujourd'hui au curé sans aucune
« contestation, mais le moine prétend n'avoir pas abandonné le tem-
« porel qui a pu le suivre dans son monastère. Cette chapelle qui est
« à la distance d'une heure de l'église paroissiale est actuellement
« toute délabrée ; il n'y a ni calice, ni ornements, ni linges. J'en ignore
« la fondation et les charges. »

Signé : Claude Mosset, archip. curé (en 1789).

En remontant de cinquante ans dès 1789, on arrive à 1739 et les
voleurs avaient dévalisé le Prieuré en 1732 ou 1733. Dès cette mal-
heureuse agression, le monastère n'avait donc plus entretenu ni prêtre

---

(1) La supplique de Dom Nicolas de Gemilieu adressée au Supérieur général de la
congrégation se conserve aux archives de l'Académie Florimontane : la permission
demandée est octroyée le 4 mai 1696.

(2) *Chronicon Tallueriense*, pag. 425.

(3) *Chronicon*. Rôle des moines de Talloires.

(4) *Chronicon Tallueriense*, p. 402.

ni moine résidant au Prieuré. Son abandon toutefois n'était pas encore
consommé. En 1738, au rapport du *Chronicon Tallueriense* (1) le
Prieur s'y rendait toujours trois ou quatre fois dans l'année ; mais en
1761, l'auteur des *Us et Pratiques* de Talloires ne mentionne plus que
deux fois l'an cette ascension du Prieur à son église (2) et il se plaint
de la cessation des offrandes de messes qui s'y faisaient autrefois. La
fin du pèlerinage était prochaine. Aussi, en 1759, Besson, dans ses *Mémoires*, passe complètement sous silence le Prieuré de Saint-Ruph dans
l'énumération des Prieurés ruraux de Bénédictins existant dans le dé-
canat d'Annecy ; il fallait qu'à ses yeux le Prieuré fût déjà comme perdu ;
et, de fait, en 1763, dans la visite épiscopale de l'église de Seytenex,
les moines de Talloires ne se présentent plus devant l'évêque pour
protester en faveur de leurs droits temporels et spirituels sur Faucemagne, ce qu'ils n'avaient jamais manqué de faire dans aucune des
visites précédentes. Renonçaient-ils donc tout-à-fait dès lors à la garde
de cette antique et vénérable chapelle ? Quelle que soit la date précise
de cet abandon, la note précédente du curé de Seytenex nous a dit
que cet abandon était complet en 1789 ; déjà même il devait remonter
à un certain temps, puisqu'à cette date, la chapelle était « toute délabrée, sans calices, ni ornements, ni linges. » Ne nous étonnons pas
outre mesure de cet abandon. Plus d'un Prieuré rural périt ainsi dans
le cours du dix-huitième siècle, sans attendre le marteau démolisseur
de la Révolution. Le monastère de Talloires, comme plusieurs autres,
pour des causes multiples, ressemblait alors à un vieil arbre ver-
moulu qui va bientôt joncher la terre. Naturellement les branches de
cet arbre les plus élancées, les plus éloignées de la tige, se détachent
les premières. Le Prieuré de Saint-Ruph, dans son val sauvage, était
le plus isolé des Prieurés dépendant de Talloires. Dans l'état d'agonie
où était le monastère, ce Prieuré devait donc être et il fut en réalité
le premier abandonné.

§ II.

La maison et l'église du Prieuré tombent en ruines.

Ce qui va suivre est de l'histoire récente et contemporaine. Nous
avons pu facilement nous en instruire à Faucemagne même et dans le
voisinage auprès de personnes sûrement renseignées. Sans doute, les

(1) Pag. 402.
(2) Pag. 39 et 101.

vieillards qui avaient vu le Prieuré, dans leur enfance, à la fin du dernier siècle, sont morts depuis trente ou quarante ans, mais leurs récits sont encore présents à toutes les mémoires dans le village, où leurs enfants et petits-enfants sont maintenant les chefs de famille. Echos de leurs pères, ceux-ci répètent donc aujourd'hui qu'à l'époque de la Révolution la maison du Prieuré n'était point déserte ; à défaut des moines dès longtemps disparus, deux bons laïques s'y étaient retirés ; ils vivaient de peu et faisaient l'école aux enfants du hameau. Les vieillards dont nous venons de parler avaient appris d'eux la lecture et le catéchisme. L'un de ces bons chrétiens était de la Maurienne et l'autre de Talloires ; ce dernier se nommait Etienne Adam. L'un d'eux fut même emprisonné pour la foi, raconte-t-on à Faucemagne. Quant à la chapelle, depuis longtemps déjà dépouillée de tout ornement, réduit à ses quatre murs et aux pierres de son autel, elle traversa cette fatale époque sans qu'il soit resté souvenir d'aucune profanation tentée à son endroit. Elle n'offrait plus rien à la convoitise ; à quoi bon monter inutilement dans ce désert ! Quelqu'isolée qu'elle fût, un prêtre qui demeura caché dans ce vallon, pendant ces mauvais jours, n'osa cependant jamais y célébrer les Saints Mystères ; il appelait les fidèles autour de lui dans une grange beaucoup plus isolée encore dans ce site déjà si sauvage. Telle qu'elle était, cette chapelle passa donc entre les mains de son acquéreur, un habitant du hameau, qui la respecta pendant d'assez longues années, c'est-à-dire pendant qu'elle se tint debout et que son toit l'abrita convenablement. Pendant tout ce temps les habitants de Saint-Ruph portaient toujours grand respect et restaient fidèles au vieil oratoire. Le dimanche surtout, ne pouvant pas, à cause de la grande distance, se rendre à tous les offices de l'église de Faverges, leur paroisse, ils visitaient volontiers cet antique sanctuaire pour y réciter leur chapelet ou d'autres prières.

C'est que cette quasi-ruine était toujours pour eux la chapelle de leur Saint. De jour en jour, il est vrai, ils allaient, oubliant son passé, ses traditions, ses fêtes ; ils n'oubliaient pas, ils ne pouvaient oublier que les reliques du Saint ermite étaient toujours là ; les anciens le leur avaient répété si souvent !

Mais en quel endroit précis dans la chapelle se trouvaient ces Reliques ? Voilà de quoi les habitants du hameau avaient perdu la notion exacte. Ces reliques avaient été renfermées dans l'autel en 1645. C'était bien haut déjà dans le passé. D'autre part, le Var (1) ou

_____

(1) Ce Var était absolument de la même forme que celui de Saint Germain. Voir *Étude sur Saint Germain*, pag. 169.

tombeau primitif où elles étaient restées jusqu'en cette dernière année était toujours à la même place, intact et respecté.

On conçoit qu'après l'abandon de la chapelle et au bout d'un certain temps, on ait pu, à Saint-Ruph même, oublier lequel de ces deux endroits, de l'autel ou du Var, contenait encore le corps du Saint.

Que si l'on s'étonne de ce que ces bons villageois, sachant cette relique si précieuse dans leur chapelle, n'ont rien tenté pour en arrêter la ruine, n'oublions pas que ce hameau est très-pauvre et ne compte que peu de familles. L'idée de la restauration sera sans doute venue à ces pauvres gens ; mais il fallait racheter du propriétaire et rétablir en son entier la chapelle par trop caduque. Probablement, aucun encouragement, aucune promesse ne leur venait du voisinage ; ils étaient seuls ; ils reculèrent donc devant l'entreprise pour eux considérable et laissèrent ainsi tristement le temps et le climat porter le dernier coup à leur antique église. En effet, elle se lézardait, elle s'écroulait, le toit s'affaissait de toutes parts. Le propriétaire, sans plus de scrupules, au fur et à mesure des occasions, fit dès lors son petit profit de ce qu'il pouvait en retirer. C'est ainsi qu'une famille du hameau des Caillets (Seythenex) acquit les deux colonnes en pierre qui surmontaient l'autel (2). Ce fut précisément un déblai entrepris pour dégager quelques matériaux qui amena enfin la découverte de la sainte relique.

CHAPITRE SIXIÈME

RÉAPPARITION DES RELIQUES DE SAINT RUPH

§ Ier.

Les Reliques de Saint Ruph sont retrouvées dans l'autel.

C'était en septembre 1835. Des ouvriers maçons de la paroisse de Seythenex, désirant avoir des tufs, en allèrent chercher le long du torrent de Faucemagne. N'en trouvant pas, ils pensèrent recourir aux ruines de la chapelle, qui déjà en avaient fourni beaucoup. Cette chapelle n'était plus qu'une masure, son toit tout entier avait disparu, et ses murs étaient à moitié démolis. De l'autel lui-même tout avait été

(2) La petite cloche de la chapelle se trouve aujourd'hui au clocher de la chapelle des Combes, hameau de Seythenex.

enlevé, seule la partie inférieure, soit le tombeau, était encore entier, enseveli toutefois sous un amas de pierres et de débris. Ce fut ce reste d'autel qui frappa nos ouvriers et qu'ils résolurent de fouiller. Bientôt en effet, ils y reconnurent ce qu'ils cherchaient. Heureux de la trouvaille, ils se mettent hardiment à l'œuvre ; mais, après avoir soulevé quelques pierres, voilà qu'une cavité se présente, et, dans cette cavité, ils aperçoivent une caisse en bois en bon état, entièrement fermée, d'un mètre de longueur à peu près.

Ces ouvriers, bien qu'ils ne fussent pas de Faucemagne, avaient aussi ouï parler des anciennes reliques de saint Ruph. Pensèrent-ils tout d'abord les avoir sous les yeux ? On peut le croire, puisqu'à l'heure même, sans y toucher, n'osant continuer leur œuvre, ils coururent informer du fait le propriétaire qui s'en montra troublé, presque effrayé, nous a-t-on dit. La nouvelle, comme un éclair, parcourut le village. C'est notre saint, c'est saint Ruph, répétait-on sans hésiter ; on n'en doutait pas. C'est que la chapelle avait eu beau s'écrouler et s'emplir de ruines, le souvenir du saint ne l'avait pas désertée. Quand ces braves gens passaient devant ces décombres, ils se signaient toujours et ils recommandaient soigneusement à leurs enfants de ne jamais passer là sans faire de même. C'est un détail que nous avons recueilli nous-même de la bouche d'un de ces villageois qui avait reçu cette recommandation de son père.

La découverte des reliques, bien loin d'étonner les habitants du hameau, leur fut donc une grande joie. Mais que faire en présence de ces reliques ? Dans leur droiture, ils comprirent aussitôt leur devoir. Sans porter sur le saint une main indiscrète, ils allèrent incontinent avertir le curé de Seythenex (1). Celui-ci à son tour s'empressa d'informer Mgr P.-J. Rey, évêque d'Annecy. Monseigneur chargea MM. le curé, les vicaires de Faverges et le curé de Seythenex, d'aller reconnaître les reliques et de les faire transporter, s'il y avait lieu, dans un endroit convenable (2). La commission épiscopale avait fixé sa visite au 21 septembre. Le bruit s'étant répandu dans Faucemagne que les délégués de l'évêque venaient prendre les reliques et les emporter dans l'église de Seythenex, grand fut le mécontentement de ces villageois. Perdre leur Saint après l'avoir retrouvé, et le perdre sans retour, leur semblait un malheur et une honte. Aussi sous cette première impres-

(1) La chapelle et le prieuré de Saint Ruph ont toujours été de la paroisse de Seythenex, tandis que le hameau de Faucemagne ou de Saint Ruph appartient à celle de Faverges.

(2) M. Vulliet, curé de Faverges, mort curé de Saint-Maurice d'Annecy. M. Veuillet, curé de Seythenex. Messieurs Chemimal et Charvillon, vicaires de Faverges.

sion et sans plus y réfléchir, deux d'entre eux, Antoine (1) Falcy et
François Gay-Gollet, formèrent ce singulier projet : « Puisqu'on vient
nous dépouiller, se dirent-ils, prévenons les prêtres et qu'ils ne trou-
vent rien ; emportons et cachons notre Saint. » La nuit et le désert
leur laissaient toute liberté d'exécuter leur dessein. Ils eurent bientôt
fait de retirer les Reliques de leur place dans l'autel et de gagner
avec elle les bois qui dominent le village. Le temps comme la nuit
porte conseil. Bientôt une vue plus claire de leur acte se dessina devant leurs yeux. « Ils avaient agi seuls et sans consulter les gens du
« village ! Grande était leur responsabilité. En trouvant l'autel sans
« reliques que diraient les prêtres ? Et que ferait Monseigneur en
« apprenant cet enlèvement, cette injure faite à son autorité ? »

Ces braves gens n'avaient pas regardé si loin ; ils se condamnèrent
franchement, et sans tarder, ils remontèrent à leurs broussailles, y
reprirent les Reliques, et les reportèrent soigneusement à leur place
dans les ruines de l'autel. Tout d'abord, on le devine, leur discrétion
fut parfaite, et ils ne contèrent leur tentative que plus tard.

Le 21 septembre (1835) les Commissaires épiscopaux arrivèrent
donc pour remplir leur mission. En un instant, tout le village se
trouva réuni autour d'eux. M. l'archiprêtre curé de Faverges ayant
commandé de tirer la caisse des Reliques de la cavité où elle était, la
fit placer devant les membres de la Commission. Cette caisse ne portait aucune inscription. On l'ouvrit et on y trouva un bon nombre
d'ossements. Etaient-ils les reliques de Saint Ruph ? Sans aucun doute,
puisqu'on les retrouvait en ce moment à l'endroit même où Dom
Benoit Théophile de Chivron, archevêque de Tarentaise, les avait
transférées en 1645 (2). La caisse ouverte, un papier écrit se trouva
tout d'abord, qui devait confirmer cette identité et la mettre hors de
doute. Dès qu'on le prit en main pour l'examiner, il s'en alla par
petits lambeaux ; impossible de le lire (3). On constata qu'il portait un
sceau, personne ne sut le reconnaître. Malheureusement les commissaires ignoraient absolument la translation solennelle de 1645 et les
villageois eux-mêmes, en soutenant avec raison que ces Reliques ne
pouvaient être que celles de saint Ruph, ne savaient pas davantage
prouver leur dire en rappelant qu'elles étaient là, dans l'autel, par le

(1) Cette famille de paysans porte le nom du village lui-même, puisque Faucemagne se
traduit en latin par *Falcimania*.
(2) Voir ci-devant, pag. 21 et suiv.
(3) Evidemment cet écrit était le procès-verbal de la translation de 1645 que l'on
avait, selon l'usage, inclus dans la châsse. Nous avons donné ce procès-verbal ci-
devant, pag. 20.

fait de cette translation. L'ignorance de cette translation et l'état complètement détérioré du sceau et du verbal qui la constataient, laissaient donc les commissaires sans preuves positives de l'authenticité des reliques. Ce qui leur fit prendre à leur égard le parti que nous dirons.

§ II.

Le calice de Saint Ruph. — Une pierre sous sa tête.

Outre le papier en lambeaux dont vous venons de parler, la caisse des Reliques contenait encore deux autres objets tout-à-fait distincts des ossements et qui méritent une attention particulière.

C'était d'abord un verre à pied, en forme de calice, haut de 13 à 14 centimètres. Dès qu'on l'aperçut, cet objet excita une vive curiosité. Pour mieux le voir, on se le passa de la main à la main et chacun de répéter : « C'est le calice de Saint Ruph. » Cette interprétation paraissait naturelle et, absolument parlant, elle pourrait être admise. Il est certain qu'il s'est trouvé des calices dans le tombeau de plusieurs saints (1). D'autre part, bien que des Conciles provinciaux eussent défendu généralement l'usage des calices en verre, cependant on ne laissait pas de les tolérer exceptionnellement, surtout dans les Gaules, par exemple, après les ravages commis par les Barbares. Les calices des églises avaient-ils échappé à ces bandes rapaces, la misère du peuple se trouvait si grande après leur passage que, pour la soulager, les évêques vendaient les vases sacrés et revenaient aux calices de verre. D'ailleurs, certains monastères voués à une extrême pauvreté n'en avaient pas d'autres. Saint Benoît d'Aniane ayant commencé par les calices de bois, passa à ceux de verre, ensuite à ceux d'étain (2). Les solitaires aussi étaient pauvres et ces calices primitifs n'étaient-ils pas souvent leur seule ressource ? Cependant nous ne pensons pas que le verre en forme de calice trouvé dans le tombeau de Saint Ruph ait été vraiment son calice. Il serait bien plutôt un *calice sépulcral*, c'est-à-dire une imitation de calice déposée dans le tombeau du Saint en signe de sa dignité sacerdotale. Comme on mettait une épée dans le tombeau des hommes de guerre, on déposait de même, dans celui des prêtres, un calice ou une forme de calice quelconque. Et, à vrai dire, la petite taille et le peu de capacité du

(1) Citons celui de Saint Ulrich d'Augsbourg. Boll. v. juillet ; celui de Saint Anthelme de Belley, Vie de ce Saint, par M. l'abbé Marchal, pag. 273, etc., etc.
(2) Dom Martine, *de Ritibus monachorum*, tom. I. p. 231.

verre dont il s'agit le feraient plutôt ranger parmi les *Calices sépul-craux*. Toutefois, nous penchons pour une autre explication de ce verre qui nous paraît beaucoup plus simple. Selon nous, il faut y voir tout bonnement le vase rempli d'eau bénite qu'il était d'usage au moyen âge, de déposer dans les tombeaux (1). Deux sortes de vase accompagnaient alors le mort dans sa tombe : des vases en terre forés sur la panse de plusieurs trous et dans lesquels on faisait brûler de l'encens ou des parfums, et d'autres vases de même nature ou de verre, mais non forés, dans lesquels on mettait de l'eau bénite; tous ces vases plus ou moins nombreux étaient rangés dans le tombeau aux pieds ou à la tête du défunt. Quoi qu'il en soit, calice réel ou symbolique, ou simple vase d'eau bénite, cet objet trouvé près des reliques de saint Ruph n'était pas moins très-intéressant par sa haute antiquité ; car évidemment, il devait appartenir au tombeau primitif du Saint, d'où il avait passé dans sa nouvelle châsse en 1645, ainsi que la petite pierre carrée dont il nous reste à parler.

Cette pierre qui se trouva de même dans la caisse ou la châsse des Reliques, est restée, dès la journée de son ouverture, le 21 septembre 1835, en la possession de la famille Losserand François, qui la garde avec un soin jaloux. C'est là que nous l'avons vue et qu'il nous a été dit que la tête du Saint, dans son tombeau, reposait sur cette pierre (2). Il est difficile de redire le vrai sens qui s'attache à cet objet ainsi placé. A-t-on voulu donner à Saint Ruph cet oreiller dans la mort, parce que, de son vivant, comme bien d'autres solitaires (3), il s'imposait la mortification de ne dormir qu'avec un caillou sous sa tête ? Ou bien aurions-nous là un touchant mémorial de sa mort ? Dans ces temps de foi énergique et vaillante, le moine, l'évêque, le Prince lui-même (4) mouraient par terre sur une couche de cendres ; et ils demandaient volontiers qu'on mît une pierre sous leur tête en signe de pénitence. Cette pierre qui nous occupe devait-elle nous dire que Saint Ruph voulut mourir ainsi? Quoi qu'il en soit,

(1) Durandus *Rationale divin. Offic.* t. VII. c. 35, n° 37. Voyez surtout sur cette question *Sépultures, Gauloises, Romaines, Franques et Normandes*, par M. l'abbé Cochet, pages 316, 320, 358, 368, etc., etc.

(2) Nous reproduisons cette pierre (planche n° 3) avec ses vraies dimensions. A sa forme et à sa couleur on dirait une brique, elle est plutôt un morceau de grès. Tous les côtés sont bruts, seule la face supérieure est lisse et polie. Cette face présente dans son milieu une étoile à cinq rayons, et ses quatre angles sont agrémentés d'un trait qui est un petit arc de parabole. Tous ces traits, ainsi que l'étoile, sont creusés dans la pierre.

(3) Bolland... Saint Eparchius, 1 juillet, Saint Hélier, 16 janv..., etc...

(4) Baronius, *Annal. Eccles.* an 1183, mort du prince Henri d'Angleterre.

cette pierre du désert, qui sortait du tombeau de Saint Ruph après
plus de sept siècles, était un témoignage expressif autant qu'évident
de sa vie et de sa mort pénitentes.

§ III.

Les reliques de Saint Ruph sont transportées dans la sacristie de l'Église de Seythenex.

La Commission épiscopale ayant constaté la place qu'occupait la
châsse des Reliques dans l'autel en ruines, et l'état même de ces Reliques, les fit replacer soigneusement dans la même châsse, ainsi que
les lambeaux de la feuille écrite que l'on n'avait pu interpréter. L'un
des commissaires, M. l'abbé Cheminal, vicaire de Faverges (1) dressa
du tout un procès-verbal que tous les membres de la Commission
signèrent et que M. l'Archiprêtre marqua de son sceau. Ce procès-
verbal fut à son tour déposé dans la châsse et celle-ci fermée de
nouveau. Que faire de ces Reliques, dont l'authenticité, affirmée par
les villageois, restait encore à constater dans l'esprit des commissaires
par d'autres preuves indiscutables ? La chapelle n'existant plus, le
hameau ne pouvait plus prétendre à l'honneur de les garder. Toutefois, quand les commissaires manifestèrent leur volonté de les transporter à Seythenex, un mécontentement assez vif éclata parmi les
habitants. Ce sentiment les honorait. M. l'Archiprêtre les en félicita,
leur fit comprendre la haute convenance de ce transport, ajoutant
qu'en ne maintenant pas la chapelle, ils avaient d'ailleurs commis
eux-mêmes la première et la plus grande des fautes. Cette faute pouvait se réparer. « Relevez votre chapelle, mes bons amis, dit en finis-
« sant M. l'archiprêtre, et j'ose vous promettre au nom de Monseigneur
« que votre Saint vous sera rendu. » Ces dernières paroles calmè-
rent les esprits et furent reçues comme une promesse sacrée. Aussi,
dès l'année suivante, ces braves gens se mirent à préparer peu à peu
quelques matériaux. Déjà même ils avaient conduit les murs à une
certaine hauteur, lorsqu'un violent incendie dévora leurs maisons
(1838) et les réduisit à une plus grande pauvreté. Le besoin paralysa
forcément leur bonne volonté, et l'entreprise fut abandonnée.

Revenons aux Reliques. L'ascendant personnel de M. l'Archiprêtre

(1) M. l'abbé Augustin Cheminal (aujourd'hui curé de Sales sur Rumilly) est le seul
membre survivant de la commission. Sa bonne mémoire a fidèlement gardé tous les
détails de cette journée. Nous le remercions vivement de l'aimable empressement qu'il
a mis à nous les communiquer.

et la sagesse de ses paroles ayant dissipé le nuage, le sacristain de Faverges (Patrice Biolley) prit, sans plus d'opposition, la châsse sur ses épaules. Les commissaires passèrent après lui le torrent, et, à travers bois, on arriva bientôt à l'église de Seythenex où les Reliques furent confiées à la garde du curé, Révérend Veuillet, et déposées dans la sacristie jusqu'à nouvel ordre.

§ IV.

Ce qu'il advient des reliques de Saint Ruph à Seythenex.

Nous avons vu comment les commissaires épiscopaux s'étaient trouvés en face des Reliques de Saint Ruph sans pouvoir constater leur authenticité, alors même qu'ils les retrouvaient dans l'autel où elles avaient été transférées en 1645. Cette translation était toute l'explication de leur présence dans cet autel, et leur authenticité était par là même suffisamment prouvée. Malheureusement, avons-nous dit, cette translation n'était plus connue à cette époque, et, quand elle le devint vingt-cinq ou trente ans plus tard, les Reliques, par suite de leur authenticité non constatée, avaient subi des malheurs irréparables.

Après leur déposition dans la sacristie de Seythenex, le silence s'était bientôt fait autour de ces Reliques. Neuf années se passèrent et la question de leur authenticité n'avait pas fait un pas, lorsque, le 17 avril 1844, écrit le nouveau curé de Seythenex, Révérend Jean-François Guillot, « Mgr Rendu se trouvant à Seythenex pour sa vi-« site pastorale, je soumis au jugement de Sa Grandeur le dépôt « sacré. Après vérification, assisté de M. Buttet, son vicaire général, « elle déclara seulement qu'il fallait regarder ces ossements comme « très-vénérables, et les placer dans l'église dans un endroit particu-« lier. Sa Grandeur ajouta qu'on ne pouvait rien décider sur l'au-« thenticité (1). En l'état des choses, il est évident que l'évêque du diocèse ne pouvait pas parler autrement. Attendre était le devoir. Plusieurs nouvelles années passèrent de même sur ces Reliques. Ce que voyant, le curé prit une mesure bien regrettable : assurément il n'en prévit pas le danger. « En 1852, (2) dit-il, après la bénédiction de « l'église, j'ai fait enterrer ladite caisse derrière le maître-autel, vis « à vis le tabernacle. Il faut espérer qu'un jour viendra où Dieu fera

_____

(1) Note laissée par Révérend Guillot.
(2) Id.

« connaître ce dépôt d'une manière éclatante. *Mirabilis Deus in*
« *sanctis.* »

On ne pouvait mieux faire pour en finir avec ces Reliques. L'hu-
midité du sol les eût infailliblement consumées, si elles n'eussent été
retirées de là en temps opportun.

§ V.

En 1873, Mgr Claude-Marie Magnin fait de nouveau rechercher et visiter les reliques
de Saint Ruph dans l'église de Seythenex.

Nous avons ici un bel exemple des services éminents que peuvent rendre les Sociétés savantes, en recueillant avec soin les épaves des anciennes archives, que la Révolution de 1793 avait dispersées. A son honneur
notre pays n'est pas resté étranger à cette passion pour les vieux
documents. La Société Florimontane s'en est occupée tout d'abord,
et dès 1861, son secrétaire, M. Jules Philippe, publiait, dans la notice
historique sur l'Abbaye de Talloires, *l'Inventaire historique et chrono-
logique des chartes des archives de l'abbaye de Talloires, dressé en 1720
par Amé Dom François Sarrazin, abbé claustral de ce monastère.*

C'est à cet inventaire que nous devons la première idée et les principaux éléments de notre présent travail. Jusqu'à cette année 1861,
tout ce que l'on savait de Saint Ruph se réduisait à ce peu : Saint
Ruph était enseveli (1) dans la vallée et dans la chapelle qui porte
son nom. Autrefois, il y était très-honoré, très-vénéré. En 1835, une
caisse renfermant des Reliques avait été retrouvée dans l'autel en
ruines et transportée religieusement à Seythenex; selon toutes les
apparences, c'était là le corps de Saint Ruph, mais on n'en avait pas
de preuve directe et absolue. Quant au passé de l'église ou chapelle
du Saint, hors du voisinage, il était tombé dans un oubli complet.

L'inventaire de Talloires est venu éclairer ces ténèbres. Comme
nous avions à le fouiller en tous sens pour nos études sur Talloires,
la question de Saint Ruph et du Prieuré de ce nom s'était bien vite
présentée devant nous, et, peu à peu, le cadre de cette Etude s'était
aussi dessiné dans notre esprit. Avant de l'entreprendre, une visite
sur place nous était nécessaire. Elle ne nous fut pas moins agréable.
Le 13 mai 1873, en la compagnie du Père J. Tissot, missionnaire de
Saint François de Sales, nous nous dirigions vers cette gorge sévère

(1) *La Vie du Révérendissime évêque Claude Granier*, par le P. Boniface Constantin,
pag. 7.... Acto sanctorum ordinis Sancte Benedicti, pag. 735.

appelée : de Saint-Ruph. Le touriste parfois prend encore ce sentier alpestre, le pèlerin ne le connaît plus. Nous étions heureux de le reprendre en cette qualité, et, comme Saint Ruph était notre seul but, toutes nos pensées, nos observations, nos impressions elles-mêmes se rapportaient à lui. Nous ne pouvons redire avec quel intérêt croissant nous avancions sur cette route qui l'avait conduit lui-même à sa solitude.

Arrivés au village dit aussi : de Saint-Ruph, notre première question à ces braves gens fut celle-ci : « Savez-vous, nos bons amis, où se « trouve l'endroit qu'on appelait autrefois : Faucemagne ? — C'est ici, « Messieurs, » nous fut-il aussitôt répondu avec un visible plaisir. Notons bien que ce vieux nom du village est depuis longtemps tellement démodé, hors de tout usage, que la même question faite à Faverges était restée sans réponse. Cette fidélité au premier et à l'antique nom du pays nous parut du meilleur augure. « Vous aviez autrefois, ajou- « tâmes-nous, un prieuré, une église, et dans cette église un Saint « qui vous a laissé son nom. Seriez-vous contents si on vous le rap- « portait de Seythenex ? Nous venons voir ce qui vous reste de ce « que vous aviez anciennement. Montrez-nous vos ruines, et nous fe- « rons de tout un rapport à Monseigneur. »

Il n'en fallait pas tant pour conquérir la sympathie et la confiance de ces bons villageois. Nous nous intéressions à leur hameau, à ses souvenirs, ils en étaient heureux, et nous, ravis de retrouver dans ces cœurs simples, un attachement si vrai, si tenace à leur Saint Protecteur. Vraiment, ils étaient touchants dans leurs réponses et leurs réflexions sur les Reliques, sur la chapelle et le temps passé : tout, dans leurs dires, ressemblait plutôt à une complainte, tant on y sentait la peine et les regrets (1).

(1) L'auteur de : *Bois et Vallons*, Annecy, imprimerie de Louis Thésio, 1864, page 256, décrit une excursion dans le val de Saint Ruph. L'histoire du Saint et du Prieuré n'y entre pas : le récit est simplement celui d'un touriste en quête de sujets pour un tableau de nature de mœurs. Celui que l'auteur nous a donné du vallon et des habitants est pittoresque, original, mais notablement forcé. Ce qui est vrai, c'est l'attachement profond de ces braves gens à leur Saint Ruph et leur désir ardent de le voir revenir au milieu d'eux. Quant à la légende qui a cours au milieu d'eux, nous en avons, nous-même aussi, recueilli quelques échos. Ces villageois répètent cela simplement sous la forme traditionnelle : On dit que... ils n'affirment rien de plus et ils avouent eux-mêmes plusieurs variantes sur plusieurs points de cette légende. Le fond serait celui-ci : La famille de Germain et de Ruph comptait six frères et une sœur, qui tous ont vécu solitaires dans nos vallées. On connaît la retraite de Germain et de Ruph. La sœur à son tour s'était fixée au lieu dit : Belleveaux, c'est-à-dire sur le flanc opposé de la montagne qui la séparait de son frère. Un matin, par delà la montagne,

Un de ces villageois nous conduisit ensuite aux ruines qu'il nous montra avec grand soin. Nous en donnons ci-après la description, due à un homme fort compétent et autorisé. La vue de ces débris dépassa notre attente. C'étaient des ruines, mais des ruines telles qu'il était facile, sans grand effort d'imagination, de recomposer chapelle, prieuré, fontaine, tout ce qui existait anciennement. Un passé de huit siècles était là devant nous, à commencer par la vie solitaire du Saint. C'était là sa thébaïde; ce petit espace l'avait vu au travail, à la prière, à la pénitence; il y était mort, son tombeau était sous nos yeux. Dès lors, que de Religieux, que de pèlerins étaient venus dans cette solitude, s'étaient agenouillés sur ce tombeau ! Toutes ces pensées nous impressionnaient; nous allions, nous revenions sur ces ruines, nous avions peine à les quitter.

Remontés au village, ce fut de grand cœur que nous promîmes de nouveau aux habitants de plaider fortement leur cause. En effet, tout aussitôt, nous fîmes à Mgr Magnin l'exposé complet de toute cette affaire. Le digne évêque en fut frappé, et, comme de raison, sa pre-

---

elle entend le son d'une cloche. Une chapelle existait donc dans ces solitudes. Elle veut la visiter. Elle gravit la montagne et trouve que Ruph son frère était le solitaire de cet autre désert. Elle n'en savait rien. De ce que fut la rencontre, il y a plusieurs versions. Ce serait, en reprenant ensuite son même chemin, à mi-montagne, du côté de Saint Ruph, que sa sœur fatiguée, se reposant un instant, vit tout-à-coup couler pour elle cette fontaine limpide bien connue du passant qui l'appelle encore aujourd'hui la fontaine de la Vierge.

On le voit : ce sujet assurément plein de grâce et de poésie était un beau champ pour l'imagination. Du reste tout, dans ces sortes de légendes, n'appartenait pas à la fiction. Il est peu de ces récits légendaires dont le point de départ ne soit pas dans la véritable histoire. Dans le principe, c'est un fait, un trait de la vie d'un Saint, trait frappant qui, livré sans contrôle aux récits populaires, peu à peu se mêle, s'étend, se transforme. Chaque génération y laisse une trace, une nuance, ordinairement une variante. La sage critique a grande peine ensuite pour remonter à la source. Ici cependant son œuvre est facile. Saint Germain et Saint Ruph étaient six frères dans leur famille, et tous solitaires, dit la légende de la vallée. Tel est bien le nombre exact des Saints qui, à peu de distance, ont vécu sur les rives du lac : Jorioz — Germain — Ruph — Ismius — Ismodo — Bompar, les voilà bien six, tous bénédictins, frères en religion et ayant tous vécu quelque temps solitaires, selon la tradition.

Reste la solitaire de Bellevaux, sœur de Saint Ruph. C'est là une personnification charmante. Saint Ruph et Bellevaux étaient deux églises de Bénédictins, deux églises sous le vocable et la protection de Notre-Dame, deux églises du même siècle, probablement de la même époque. En été, à travers la montagne, les solitaires de l'une et de l'autre devaient trouver grand bonheur à se visiter. Notre-Dame de Bellevaux était donc bien la sœur de Notre-Dame de Faucemagne ou de Saint Ruph. Et voilà, nous semble-t-il, comment cette légende judicieusement interprétée peut se rattacher elle-même à l'histoire.

mière pensée fut pour les Reliques. Enfouies dans le sous-sol de l'église de Seythenex, n'y avaient-elles point déjà considérablement souffert ? Dans cette crainte et sans tarder, Monseigneur chargea le zélé et savant archiviste du département, M. l'abbé Ducis, de se rendre au plus tôt à Seythenex et de retirer soigneusement ces Reliques de la fosse souterraine qui les compromettait. Le 2 juin, M. l'archiviste remplit sa mission, et en rendit compte à Monseigneur dans le rapport officiel suivant que nous reproduisons avec bonheur.

RAPPORT

SUR L'INSPECTION FAITE A SEYTHENEX LE 2 JUIN 1873

Je soussigné Claude-Antoine Ducis, prêtre, archiviste de la Haute-Savoie, inspecteur des archives communales et hospitalières et des monuments historiques, officier de l'instruction publique, déclare que, pour m'acquitter de la commission dont Sa Grandeur Monseigneur Magnin, évêque d'Annecy, a bien voulu me charger par lettre du 18 mai 1873, aux fins d'aller inspecter l'état des reliques vénérées autrefois dans la chapelle de Notre-Dame de Faucemagne ou prieuré de Saint Ruph, et enterrées plus tard derrière le maître-autel de l'Église paroissiale de Seythenex, je me suis transporté dans cette paroisse le 1er juin au soir, et que le lendemain, après la célébration de la sainte Messe, Monsieur Guillot, curé de la paroisse, a requis le clerc, son fils et un chantre de l'Église, pour lever les planchers derrière le maître-autel, et creuser dans l'endroit où il avait enterré, après la reconstruction de la nouvelle Église en 1851, une caisse de reliques rapportées précédemment de la chapelle du prieuré de Saint Ruph ou Faucemagne, ainsi qu'il conste par une note du livre de paroisse. Monsieur l'abbé Guillot, vicaire de la paroisse, a bien voulu venir en aide à l'œuvre et prendre une part active au travail.

I.

A la profondeur de près de 0,50 cent. une pierre d'autel ébréchée se trouvait posée de champ parallèlement à l'axe de l'autel, à la distance de près de 0,50 centimètres. C'est dans cet espace que, sur les

indications de Monsieur le curé, on a creusé jusqu'à la profondeur d'un
mètre, mais sans succès. Alors on est revenu dans la zône voisine
entre cette pierre d'autel et le chevet de l'Église. C'est là qu'à la
profondeur de 0,60 cent., nous avons pu constater l'existence d'une
caisse de bois, longue de 0,90 cent., large de 0,25 cent., posée parallèlement à la pierre d'autel, qui en était comme le point de repère.
Les planches très-épaisses étaient pourries. Dans l'intérieur nous
avons retiré plusieurs ossements brisés, notamment des parties de
l'os pariétal, de l'os temporal, de l'humerus, du cubitus, du radius, de
quelques côtes, du fémur, du péroné, etc. Ils étaient mélangés avec
la terre. Parmi ces débris nous avons recueilli un petit calice en
verre, également brisé, à parois très-minces. J'en ai réuni les pièces
pour en prendre la mesure (1).

La brisure de ce vase, des ossements et leur mélange avec la terre
s'expliquent, en partie, par le piétinement sur l'endroit même où ces
objets ont été trouvés, lorsque les ouvriers, sur l'indication formelle
de Monsieur le curé, creusaient dans la zône plus rapprochée de
l'autel ; le sol fléchissait sous leurs pieds, le manche de la bêche s'y
enfonçait, et c'est ensuite de cette foulure que la planche qui devait
recouvrir la caisse, pourrie comme les autres, a dû s'effondrer et que
les débris se se sont confondus avec la terre.

Ensuite de cet accident, que nous étions loin de prévoir, il n'est
pas étonnant que le sceau en cire ait disparu également avec le petit
parchemin que l'on disait y être attaché.

Toutefois il demeure évident que cette caisse avec les ossements
que nous avons retirés de l'intérieur de son pourtour, est bien la
même que Monsieur le curé de Seythenex y avait déposée en 1851,
après la reconstruction de l'Église. Nous avons recueilli respec-
tueusement ces ossements dans une corbeille pour les dégager de la
terre dont ils étaient couverts. Monsieur le curé s'est engagé à les
placer dans une nouvelle caisse de bois, qui aurait désormais sa place
à une étagère de la sacristie, en attendant les ordres ultérieurs de
Monseigneur l'Évêque du diocèse.

II.

Ensuite, accompagné de Monsieur l'abbé Guillot, vicaire de
Seythenex, dont je ne saurais trop louer l'obligeance, je me suis

(1) Voyez la planche.

rendu à l'ancien prieuré de Notre-Dame de Faucemagne, situé à 50 minutes du chef-lieu de Seythenex, en remontant la rive droite du torrent jusqu'à ce qu'on arrive, en face des ruines du prieuré, sans sortir du territoire de la paroisse.

La chapelle était de style roman pur, avec abside basse, ouverte sur les deux tiers sud-est de la façade orientale de la chapelle. L'autel était isolé au centre de cette abside. La nef avait neuf mètres de long sur quatre de large dans œuvre. Les murs avaient un mètre d'épaisseur. Un porche longeait la façade ouest et abritait la porte d'entrée. Deux baies romanes étaient percées dans la muraille du côté sud, que longe le chemin contre le torrent. Il n'y avait pas de baies du côté nord, le terrain d'amont s'amoncelant contre le mur. Sur la façade intérieure du même, on voit encore les ruines du *Var*, c'est-à-dire, du tombeau de *Saint Ruph*, d'un mètre de largeur et d'un mètre et demi de profondeur en ligne transversale de la chapelle. C'est dans ce tombeau que reposaient et qu'étaient autrefois vénérées les reliques de Saint Ruph. Elles y sont demeurées jusqu'à 1645. D'après l'inventaire de l'abbaye de Talloires (1), Dom Juste Guérin, évêque de Genève, à la demande des Moines de Talloires, délégua cette année-là l'archevêque de Tarentaise *pour transférer les reliques soit les ossements du glorieux Saint Rouph.* Or on sait par la copie de l'acte de cette translation qu'elle consista en ce que les reliques du Saint furent retirées de leur tombeau primitif, soit du var, et placées solennellement dans l'intérieur de l'autel de la chapelle. On sait aussi qu'elles ont été retrouvées, il y a quelques années, dans ce même autel et portées, par ordre de Monseigneur Rey, dans la sacristie de Seythenex.

Devant le porche de la chapelle à l'ouest, se trouve un espace de quinze mètres de long, que l'on dit avoir servi de cimetière ; et à l'ouest encore de cet espace était la maison du prieuré, flanquée au nord, contre la montagne, d'une tour ronde, dont on peut reconnaître les ruines. A l'ouest encore des restes de cette maison, on a conservé le jardin, dans le mur duquel se trouve une pierre gravée d'une croix de Florence à pied fourchu. Au sud de l'abside dont elle était séparée par le chemin public, une petite construction abritait une source d'eau qui existe encore et qui appartient au prieuré.

Annecy, le 6 juin 1873.

Ducis,
Archiviste de la Haute-Savoie.

On voit par ce rapport qu'il était temps d'arriver au secours des

(1) *Notice sur l'abbaye de Talloires*, par J. Philippe, pag. 236, art. 149.

reliques du Saint. Un enfouissement déjà long menaçait de leur
devenir de jour en jour plus funeste. Monsieur l'archiviste ne retrouva
plus trace du procès-verbal dressé en 1835 et déposé dans la caisse
par Monsieur Cheminal, secrétaire de la commission épiscopale. A
plus forte raison il ne restait plus vestige de cette autre écriture
ancienne qu'on y avait trouvée et remise à la même époque. Enfin
comment ne pas regretter la perte du verre ou calice du Saint? C'étaient
là, avec la pierre qui lui avait servi d'oreiller, deux reliques véné-
rables et bien touchantes de sa pauvre vie de solitaire.

Tous les ossements ainsi recueillis par le délégué de Monseigneur
et remis à la garde de Révérend Guillot, curé de la paroisse, furent
bientôt par ce digne prêtre renfermés dans une nouvelle caisse et celle-ci
reprit de nouveau place dans la sacristie, en attendant l'avenir.
Une solution semblait proche. Monseigneur Magnin étant au courant
de la question, s'y intéressait et voulait s'en occuper. Le zèle et la
piété du Prélat, n'étaient pas seuls à l'y solliciter ; son goût, sa
passion d'érudit ne l'y poussait pas moins vivement. Il y avait là,
encore inédite, une belle page de l'histoire hagiologique de son
diocèse. Hélas! il était trop tard. Monseigneur se sentit bientôt atteint
dans ses forces et arrêté dans ses travaux par la maladie qui peu à
peu l'a conduit au tombeau. Et c'est ainsi que les reliques de Saint
Ruph sont encore aujourd'hui à l'état d'attente, dans la sacristie
de Seythenex.

CONCLUSION ET VŒU FINAL

Nous possédons donc encore les reliques de Saint Ruph, retrouvées
dès 1835 dans l'autel de sa vieille chapelle, au lieu même où il vécut
et mourut solitaire. Nous avons vu, au moment de la découverte, les
habitants du hameau affirmer énergiquement que c'étaient là les Reliques de leur Saint, mais on n'en put point alors découvrir d'autres
preuves. A l'extérieur, la châsse ne portait aucune inscription. A l'intérieur, le procès-verbal avec sceau, qui y était renfermé, était rongé
par le temps. Heureusement, dès cette époque, l'histoire a parlé, les
débris des archives de Talloires ont été recueillis, et les documents
nous ont appris qu'en effet les Reliques de Saint Ruph avaient été
solennellement transférées dans l'autel de la chapelle en 1645. Il n'est
pas trace d'autre Saint enseveli dans cette chapelle, d'autres Reliques
placées jamais dans cet autel. Comment dès lors pouvoir douter que
les reliques, qui y ont été trouvées en 1835, ne soient vraiment celles

de Saint Ruph, comme l'a toujours attesté la tradition locale? Cela étant, tous nos lecteurs comprennent maintenant et approuvent hautement les vœux ardents toujours exprimés par les bons habitants de Saint-Ruph, pour que leur vieille chapelle se redresse enfin sur ses ruines. Dans les pays protestants, avec regret toujours, toutefois sans étonnement, on rencontre encore par ci par là d'anciens sanctuaires en ruines et en poussière ; c'est là l'œuvre des révolutions religieuses. Mais en pleine Savoie catholique, dans le diocèse de Saint François de Sales, à proximité du célèbre monastère de Tamié, sur le territoire même d'une petite ville et d'une grande paroisse comme Faverges, se peut-il que dure encore longtemps l'état actuel des choses et des lieux consacrés par la mémoire de Saint Ruph? Un étranger, un touriste chrétien pénètre-t-il dans cette solitude? Surpris d'y rencontrer tant de ruines, il demande ce qui fut là dans le passé, et on lui répond que ces débris sont les restes d'un très-ancien Prieuré qui avait, sous sa garde, les reliques d'un Saint Solitaire enseveli dans une chapelle dont on lui montre aussi les décombres, Solitaire honoré, visité par les pèlerins pendant des siècles. Les Reliques n'ont été ni volées, ni détruites par l'incendie, ni dispersées par la Révolution. Toujours intactes, elles sont restées sous ce toit isolé, jusqu'à ce que, de vieillesse, il se soit affaissé sur lui-même. Alors on a retiré ces reliques du milieu des décombres pour les transporter dans la sacristie de la paroisse.

Véritablement, ce récit est lamentable ; il fait plus qu'étonner, il afflige, il offense le sentiment chrétien, et les raisons apportées, telles que la pauvreté du village, le lieu désert, le malheur des temps, ne réussissent pas toujours à faire comprendre un semblable abandon. Qu'en penseraient nos ancêtres du onzième et du douzième siècle, alors que, dans nos vallées, la vie, les vertus, la pénitence des deux frères Ruph et Germain se racontaient à tous les foyers, alors que la croyance à leur sainteté, s'établissant de jour en jour, on accourait avec bonheur, visiter leur oratoire et leur modeste tombeau?

Saint Ruph est un de ces Saints Moines, comme le Moyen-Age en vit besucoup et qu'il aimait tant. Il a vécu de la vie des champs, de la vie des forêts, à la montagne, sous les yeux des bergers, en communion avec les plus petits et les plus simples. Quand il mourut, on ne l'emporta pas, il fut laissé dans son vallon, et son souvenir y plane, y planera toujours beaucoup plus haut que l'aigle qui en habite les cîmes. Son nom n'y est pas gravé sur le front d'une belle cathédrale, pas même sur le marbre d'un monument, il y est seulement enchâssé dans la mémoire des pauvres habitants de ce désert , mais il y est plus solidement buriné que ne l'est le nom de leurs villes et de leurs provinces sur le diadème des rois.

Cet humble village avait un nom antique et sans doute aimé ; il y a renoncé pour s'appeler : Saint-Ruph, et ce nom qu'il porte dès longtemps, ne craignons pas qu'il l'abdique jamais. Certes, toute ville n'a pas dans son blason un tel souvenir, une si belle distinction. Le sentiment patriotique et religieux, le culte du passé, l'honneur de nos vallées, la poésie, l'histoire, tout réclame donc la restauration de la chapelle de notre Saint Solitaire. Disons bien vite que ce devoir est enfin compris. A peine a-t-on ouï dans la vallée qu'une restauration historique de Saint Ruph se préparait, qu'il se publierait quelques pages pour rappeler sa vie, sa mort, son ancien culte, son vieux pèlerinage, que l'on s'en est joyeusement ému. Le clergé, quelques âmes d'élite ont aussitôt pensé aux ruines matérielles qu'il fallait aussi restaurer, et le projet bien accueilli a fait son chemin ; sous peu, nous l'espérons, la main sera mise à l'œuvre (1). L'antique chapelle rétablie, nul doute que ne soit aussitôt tenue la parole donnée aux habitants du hameau. Leur vieux Saint leur fera retour. Tout cependant ne sera pas dit. Le culte public anciennement rendu à Saint Ruph pourra-t-il être repris? A quelle condition et dans quelle mesure pourra-t-il l'être ? Question difficile, absolument réservée à l'autorité du Saint-Siége. Cette belle cause désormais confiée à la science, à la sollicitude, à la piété de notre nouvel évêque, Mgr Isoard, sera certainement gagnée, si elle peut l'être encore. Dans l'attente et à défaut de cette heureuse issue, le pauvre village aura du moins retrouvé son antique trésor, et, pour le pays, la nouvelle chapelle sera là debout, sur les ruines de l'ancienne, pour en conserver tous les saints et glorieux souvenirs.

---

(1) Nous faisons des vœux pour que la chapelle de Saint Ruph soit relevée sur ses fondements antérieurs et tout spécialement pour que le var, soit le tombeau primitif du Saint, soit religieusement conservé.

PLAN DE L'EGLISE DU PRIEURÉ DE FAUCEMAGNE (Echelle ¹/₁₂₅₀

Nord, amont du coteau

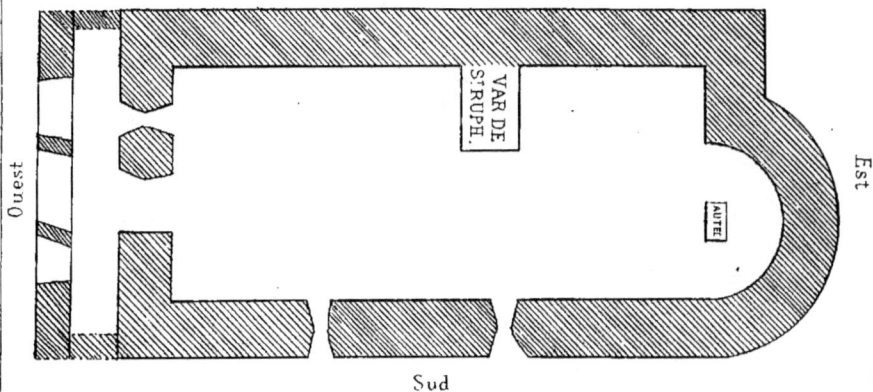

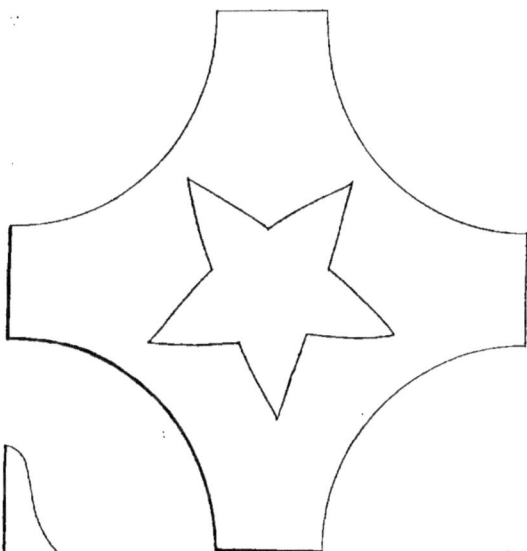

Ouest

Est

VAR DE S^t^RUPH.

AUTEL

Sud

PIERRE QUI SOUTENAIT
LA TÊTE DE S^t^RUPH
(Moitié grandeur naturelle)

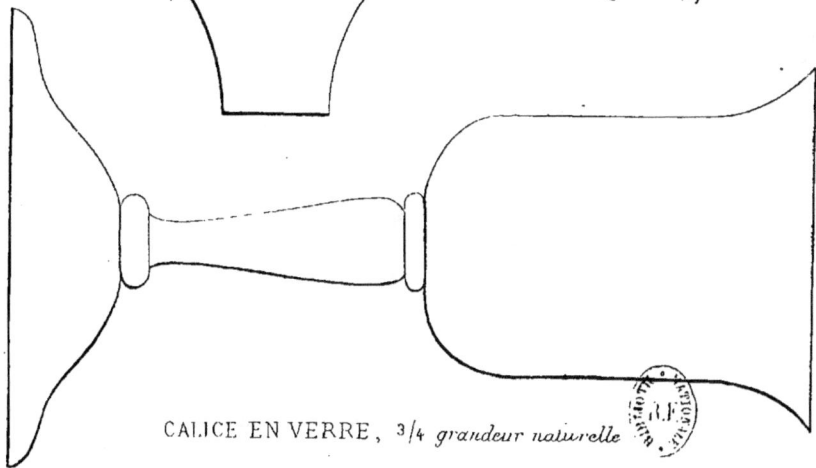

CALICE EN VERRE, 3/4 grandeur naturelle

LITH. GROSNIER, ANNECY.

TABLE

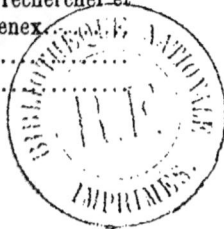